CÓMO CULTIVAR UNA LECHUGA Y COMER SANO

© 2013 Hortensia Lemaître y José T. Gállego
Los derechos de la obra han sido cedidos a través de Zarana Agencia Literaria.

© imagen de cubierta: istockphoto
© de las ilustraciones, 2013 Jorge Cantero

Realización: Zarana Servicios Editoriales
Maquetación: David Anglès

© 9 Grup Editorial
Lectio Ediciones
c./ Muntaner, 200, ático 8ª
08036 Barcelona
T. 93 363 08 23 / F. 93 363 08 24
www.lectio.es
lectio@lectio.es

Primera edición: mayo de 2013
ISBN: 978-84-15088-73-8
DL: T. 382-2013
Impreso en Romanyà Valls, S.A.

Hortensia Lemaître y José T. Gállego

CÓMO CULTIVAR UNA LECHUGA Y COMER SANO

Guía práctica de cultivo de hortalizas
para tener ensaladas frescas todo el año

Cuadrilátero
de libros

A Lea,
por tu comprensión y paciencia,
con el amor de papá y mamá

Índice

1
La mejor ensalada es la de mi huerto

¿Quieres cultivar tus propios alimentos? ¿Te gustaría disfrutar de un tomate con el sabor de antaño? ¿Buscas alimentos ecológicos cultivados sin pesticidas ni otros productos tóxicos? ¿Añoras el contacto con la naturaleza? ¿Deseas asistir al milagro de la vida?

Si has contestado afirmativamente a estas preguntas y estás leyendo estas páginas, seguramente ya has pensado en plantar un huerto. Tal vez te parezca difícil y complicado pero no es así: con un poco de dedicación y algo de experiencia, cualquiera puede cosechar hortalizas para su familia. Hace diez mil años que la Humanidad aprendió a cultivar plantas y, desde entonces y hasta hace sólo un par de siglos, esa ha sido la principal actividad de la mayoría de la población. Los tres grupos de plantas cultivadas más importantes son los cereales, las frutas y las hortalizas.

El cultivo de cereales requiere grandes extensiones de terreno y los frutales son, en su mayoría, árboles que tardan años en crecer y empezar a dar frutos. Las hortalizas, sin embargo, son cultivos muy rápidos, se cosechan entre unas semanas y unos pocos meses después de plantarlas, y requieren un espacio relativamente pequeño.

De todas las recetas que se elaboran con hortalizas, las ensaladas son las más populares. En verano, cuando el calor y la sed nos quitan el apetito, resultan deliciosas y refrescantes. El resto del año la ensalada es la principal fuente de vitaminas y antioxidantes de la dieta, aporta color y sabor a la mesa y una variedad de oligoelementos y otros minerales beneficiosos para la salud.

Este manual te explica la técnica básica para cultivar un huerto de hortalizas capaz de proveer a una familia con todos los productos frescos necesarios para elaborar deliciosas y variadas ensaladas a diario.

Cultivar en familia

El cultivo ecológico de un huerto familiar es una actividad muy placentera y gratificante. Al principio, la falta de experiencia nos llevará a cometer algunos errores, pero aprenderemos a evitarlos y en poco tiempo estaremos recolectando más verduras de las que podemos consumir. Los excedentes serán muy bien recibidos por amigos y vecinos. ¿A quién no le gusta una cesta de verduras frescas recién cogidas?

El huerto ecológico es un pequeño universo en el que el hortelano debe combinar sus acciones con las fuerzas de la naturaleza para lograr que las plantas crezcan y produzcan frutos. La agricultura moderna basada en fertilizantes y pesticidas químicos afronta el cultivo de alimentos de un modo completamente opuesto y entabla una guerra total contra las plagas y la infertilidad. En realidad, son precisamente las técnicas de cultivo, los abonos químicos y la gran cantidad de venenos que se emplean los auténticos responsables de desequilibrar el ecosistema, acabar con la fertilidad del suelo y permitir que algunas especies se conviertan en plagas. Un huerto cultivado con técnicas ecológicas, abonado con estiércol o compost y en el que no se utilicen pesticidas ni herbicidas tóxicos, rara vez sufre plagas devastadoras. La diversidad de especies favorece que el ecosistema se regule a sí mismo.

 En la naturaleza, cuando el ser humano no interviene, los insectos atacan a las plantas más débiles pero no molestan al resto.

La selección natural actúa eliminando a los individuos más débiles para que los fuertes sobrevivan. La acción del hombre es la que altera de tal modo el ecosistema que rompe su equilibrio. Durante siglos, hasta que aparecieron el tractor y la industria química moderna, toda la agricultura fue ecológica ya que sólo había abonos orgánicos y el empleo de insecticidas era casi nulo.

Hay quien se acerca a la horticultura para obtener alimentos de calidad a buen precio mientras que otros buscan la experiencia gastronómica de las hortalizas de antaño, cuando la agricultura industrializada aún no había sacrificado el sabor de los frutos a cambio de una aburrida homogeneidad y una mayor capacidad de conservación. Algunos huertos se siembran para poner en práctica unas ideas: como una forma de lucha contra el consumismo imperante o para consumir alimentos sin los pesticidas y el resto de productos tóxicos que se aplican sobre las verduras en la agricultura convencional. Motivaciones diferentes pero un mismo objetivo: cultivar nuestros propios alimentos. Es agradable recoger los frutos directamente de la planta, pero es aún más placentero hacerlo tras meses de cuidados ayudándolos a crecer. Quien siembra una planta y la cuida hasta que da fruto experimenta la misma fascinación que sintieron los seres humanos cuando descubrieron la agricultura. Gracias a ella, la Humanidad pudo dejar la vida nómada del cazador recolector y volverse sedentaria. El cultivo de la tierra permitió que una persona produjera más alimentos de los que podía consumir. Los excedentes se acumulaban para el invierno o se intercambiaban por otros productos. La agricultura creó el comercio, las ciudades, las grandes civilizaciones, la tecnología y, en definitiva, el mundo en que vivimos.

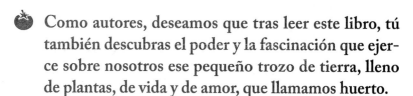 **Como autores, deseamos que tras leer este libro, tú también descubras el poder y la fascinación que ejerce sobre nosotros ese pequeño trozo de tierra, lleno de plantas, de vida y de amor, que llamamos huerto.**

2
La agricultura ecológica

La agricultura ecológica es un sistema agrícola de producción que evita el uso de insecticidas, fungicidas y herbicidas químicos. Se concentra en mantener y potenciar la fertilidad y salud de la tierra y aprovecha los recursos naturales para lograr producir alimentos sin dañar el ecosistema.

Entre los objetivos de la agricultura ecológica se pueden destacar:

- Proteger la naturaleza.
- Producir alimentos sanos y no contaminados por productos químicos.
- Utilizar recursos renovables y reducir el uso de energía.
- Conservar las variedades tradicionales y evitar la pérdida de diversidad genética.
- Potenciar y conservar la fertilidad del suelo y su vida microbiana.
- No contaminar el planeta.

En lugar de fumigar constantemente los cultivos con pesticidas, se busca evitar la proliferación de plagas dañinas por medios menos agresivos, como la rotación de cultivos, la asociación de plantas que se benefician mutuamente o la siembra de variedades locales resistentes a las condiciones de la zona. Se realizan tratamientos preventivos que potencian la salud de las plantas para aprovechar su resistencia natural a las plagas y evitar el uso de insecticidas. Si aún así hay que usar un plaguicida, se escogen productos de toxicidad reducida que alteren en la menor medida posible el equilibrio del ecosistema.

La diversidad de especies en una explotación agraria favorece el equilibrio y evita muchos problemas. El agricultor ecológico huye del monocultivo y en su lugar busca un aprovechamiento integral de la explotación produciendo una gran diversidad de productos que se consumen en temporada y localmente. Se intenta evitar el transporte de los productos a lugares lejanos para reducir el consumo de combustibles fósiles asociado a la agricultura.

El agricultor ecológico no usa abonos químicos de síntesis sino que elabora sus propios fertilizantes orgánicos. El compost es el abono más utilizado en agricultura ecológica y resulta un producto tremendamente eficaz para mantener y potenciar la fertilidad del suelo.

Los productos que encontramos en el supermercado con la etiqueta «agricultura ecológica» deben cumplir una serie de reglamentaciones de la Unión Europea y del estado para poder llevar esta certificación. Los productores ecológicos deben abonar sus tierras con productos naturales como estiércol, guano, compost, fosfatos naturales, lombricompost o bien por medio del cultivo de abonos verdes o plantas, normalmente leguminosas que, una vez crecidas, se cortan y se incorporan al terreno, aumentando su fertilidad. Las plagas se evitan con métodos preventivos como la rotación de cultivos, la asociación de plantas o la selección de variedades resistentes. Cuando, pese a la prevención, aparecen plagas, estas se combaten con predadores naturales o productos poco tóxicos: aceite de neem, aceites vegetales, microorganismos como *Bacillus thuringiensis* o fungicidas como el azufre y el cobre.

Permacultura

La permacultura es una de las escuelas más interesantes de la agricultura ecológica. Se empezó a gestar en la década de 1970 en Australia, de la mano de Bill Mollison y David Holmgren, dos ecologistas preocupados por el deterioro de las tierras de cultivo a causa de la agricultura química.

🍅 **La permacultura va más allá de la simple agricultura ecológica y abarca todo el campo de acción del hombre, puesto que sus principios se pueden aplicar a cualquier situación.**

La permacultura intenta integrar armoniosamente al hombre y a la naturaleza, creando hábitats humanos sostenibles. Su objetivo es configurar entornos saludables para las personas evitando que la naturaleza salga mal parada. Más que un conjunto de técnicas concretas, la permacultura parte de unos principios básicos y de diseño que se aplican al desarrollar un hábitat humano. La idea es observar el entorno y estudiar con detenimiento cómo aprovechar las dinámicas naturales en lugar de luchar contra ellas. Trata de aprovechar al máximo la energía que genera un ecosistema.

Principios básicos de la permacultura

- Trabaja con la naturaleza y no contra ella.
- Convierte los problemas en oportunidades, los desechos en recursos.
- Efectúa el mínimo cambio para el máximo efecto.
- Todo afecta a todo.

Principios de diseño

- Cada elemento debe tener varios usos.
- Hay que promocionar la diversidad de animales y plantas.
- Utiliza patrones de la naturaleza, actúa como lo hace ella. Mezcla plantas altas, medias y bajas de modo que unas protejan a las otras y se ayuden mutuamente.
- Diseña por zonas, dejando más cerca de la casa lo que más mantenimiento requiere y reduciendo así la energía y el tiempo consumidos en desplazarse.
- Aprovecha los bordes o fronteras entre dos ecosistemas (el perímetro del huerto, la línea de separación con el bosque, etc.). Estos bordes son lugares con una gran biodiversidad a los que se les puede sacar gran provecho.
- Utiliza sistemas biológicos. Por ejemplo, unas gallinas acabarán con muchos parásitos de los frutales sin necesidad de emplear insecticidas.
- Recicla materiales.

3
Organización del huerto y técnicas básicas de cultivo

Este capítulo te permitirá elegir el espacio que dedicas al huerto y prepararlo para recibir las plantas, acondicionar el terreno haciendo surcos o camas elevadas e instalar un sistema de riego. También repasaremos cómo se alimentan las plantas y de qué modo puede contribuir el horticultor a mantenerlas sanas y bien nutridas gracias a las distintas tareas que realizará a lo largo de la temporada quitando malas hierbas, abonando el huerto o luchando contra plagas y enfermedades.

Orientación

El huerto debe situarse en un emplazamiento llano y soleado, protegido de los vientos y con acceso al agua necesaria para el riego. Es conveniente que esté cerca de la casa, así resulta cómodo ir a buscar las verduras y, a ser posible, mirando al sur para que goce del mayor número de horas de sol. En la medida de lo posible, hay que escoger un lugar sin árboles grandes cerca que den sombra al huerto.

Hay que evitar los lugares especialmente húmedos ya que

facilitan la aparición de enfermedades criptogámicas (causadas por hongos) y los muy expuestos a vientos fuertes, que deshidratan las plantas y rompen sus tallos o sus ramas.

¿Cuánto espacio necesito?

Si deseamos cultivar todas nuestras hortalizas, incluyendo aquellas que más espacio requieren, como sandías, melones, alcachofas o patatas, y realizar conservas para el invierno, debemos calcular unos cien metros cuadrados de huerto por persona, aunque es mejor empezar con la mitad e ir aumentando el espacio cultivado poco a poco. Un huerto grande da mucho trabajo y el horticultor principiante se puede ver desbordado por las malas hierbas en pocas semanas.

Cincuenta metros cuadrados por persona son suficientes para cultivar más hortalizas de las que se pueden comer y resulta una media muy adecuada para un huerto familiar, fácil de cuidar y que no requiera muchas horas de dedicación, pero al mismo tiempo capaz de proveer la gran mayoría de las verduras que se consumen.

Aquellos aficionados que por falta de tiempo o espacio no puedan sembrar una parcela tan grande, tampoco deben desanimarse. Un sencillo huerto capaz de proveernos con una ensalada fresca y variada cada día, así como algunas verduras para cocinar, no requiere más de diez metros cuadrados por persona. Aprovechando bien este espacio podemos cultivar, por ejemplo:

- Varios tipos de lechugas.
- Tomates.

- Pimientos.
- Pepinos.
- Cebollas.
- Puerros.
- Zanahorias.
- Remolachas.
- Rabanitos.
- Calabacines.
- Acelgas.
- Coles.
- Espinacas.
- Judías verdes.

En los últimos años la afición al huerto se ha extendido incluso en las grandes ciudades. Muchos municipios han reciclado solares o terrenos en desuso como huertos urbanos para el disfrute de sus vecinos.

El huerto en el balcón

No son pocos los balcones y azoteas donde geranios y demás plantas decorativas han sido sustituidas por lechugas, tomateras y demás hortalizas. Por lo general, estos horticultores urbanos de terraza siembran en mesas de cultivo que riegan por goteo. Gracias a que utilizan sustratos muy fértiles, estos sistemas logran resultados sorprendentes en espacios reducidos y, aunque su producción no alcanza para cubrir el consumo familiar, resulta muy gratificante cultivar y cosechar personalmente al menos parte de los alimentos que se come nuestra familia.

Aunque el espacio disponible se reduzca al alféizar de una ventana, se puede seguir siendo horticultor. Unas macetas con hierbas aromáticas como menta, perejil y salvia caben en cualquier sitio y nos permitirán disponer del incomparable aroma de las hierbas recién cortadas para aderezar nuestros platos.

Las herramientas

La principal herramienta del horticultor es la azada. Con ella hace los surcos, los caballones y las camas elevadas, le sirve para mullir el terreno, desherbar, aporcar los tallos, cavar agujeros de plantación o sembrar plantones. Escoge una azada que te resulte cómoda, no muy pesada y con una longitud de mango adecuada a tu altura. Es muy cansado trabajar con una azada demasiado pequeña.

Al menos una vez al año conviene arar todo el huerto. En parcelas muy pequeñas es posible realizarlo a mano con la azada, pero en huertos medianos o grandes resulta agotador. Una motoazada o un motocultor simplifican mucho esta labor pero suponen un gasto importante, aunque suelen ser máquinas fuertes que durarán muchos años.

Además de la azada resulta útil una pala para esparcir el estiércol y cavar agujeros grandes, una horca para amontonar los restos de la cosecha y remover el montón de compost y un rastrillo con el que nivelar la superficie del huerto y mezclar los abonos con la tierra.

Muchas de las hortalizas más grandes requieren tutores para que el peso no las tumbe. Generalmente se usan cañas ya que son fáciles de encontrar, ligeras y muy resistentes, pero también sirven ramas rectas de cualquier árbol, cañas de bambú o incluso varillas metálicas como las que se usan en construcción. La lista de herramientas y elementos necesarios se completa con una manguera y una regadera, una mochila pulverizadora para aplicar abonos foliares e insecticidas, bandejas para semilleros, guantes de trabajo y un diario donde apuntar todas las tareas realizadas en el huerto.

La tierra

La tierra en la que crecen las plantas actúa como su estómago. Al contrario de los animales, que ingieren alimentos complejos y los descomponen en su interior por medio de la digestión, las plantas sólo pueden absorber los alimentos ya descompuestos en sus partes más simples. Los microorganismos que viven en el suelo son los encargados de descomponer la materia orgánica así como de disolver los minerales inorgánicos que hay en la tierra. Las plantas absorben los desechos de los microorganismos y de ellos se alimentan.

La fertilidad de un huerto tiene su principal sostén en la vida microbiana de su suelo. El horticultor con experiencia sabe que su labor es nutrir el suelo, mantenerlo en unas condiciones propicias para el desarrollo de los organismos microscópicos, que son quienes se ocuparán en realidad de nutrir sus hortalizas.

La tierra del huerto debe ser rica en materia orgánica e, idealmente, contener una mezcla equilibrada de arena y arcilla. En la práctica, cada huerto tiene la tierra que le cayó en suerte y el horticultor debe adaptarse a ella.

Las tierras se clasifican en función del tamaño de sus partículas en:

- Arenosas o ligeras.
- Francas.
- Arcillosas o pesadas.

Las mejores son las francas, pero con un correcto manejo del huerto todas ellas pueden emplearse satisfactoriamente. Todos los suelos mejoran su estructura cuando se les añade materia orgánica. En general, cuanto más compost y estiércol se añada al huerto, mejor.

Las **tierras arenosas** se calientan rápidamente en primavera, pero también se enfrían enseguida en cuanto llega el otoño. Son suelos con poca capacidad de retención de agua que requieren riegos frecuentes y no suelen contener demasiada materia orgánica. Drenan bien y mantienen las raíces aireadas, ya que no se compactan fácilmente.

Los **suelos pesados o arcillosos** son fríos y tardan bastante en calentarse en primavera, pero conservan el calor a principios del otoño. Son tierras que absorben mucha agua y por tanto necesitan pocos riegos. En épocas muy lluviosas tienden a anegarse de agua y pueden llegar a asfixiar las raíces. Los terrenos arcillosos mejoran mucho si les añadimos abundante materia orgánica.

¿Qué comen las plantas?

Las plantas necesitan para sobrevivir **luz, agua, dióxido de carbono** y **catorce minerales** en proporciones diferentes. El sol proporciona la luz, el dióxido de carbono lo captan del aire, y las raíces absorben el agua y los nutrientes del suelo. La propiedad más increíble de las plantas, responsable última de que la vida se haya extendido por el planeta, es su capacidad de realizar la fotosíntesis, ese mágico proceso que permite producir materia orgánica a partir de materia inorgánica y luz solar. Todos los animales se alimentan de un tipo u otro de materia orgánica y sólo las plantas, las algas y las cianobacterias (que fueron quienes inventaron la fotosíntesis hace 3.600 millones de años) son capaces de producirla, por eso son la base de la vida y de la cadena alimenticia. La otra razón por la que debemos estar agradecidos a cianobacterias, algas y plantas es que, al realizar la fotosíntesis liberan oxígeno como desecho. El mismo oxígeno que nosotros respiramos. Cuando aparecieron los primeros organismos fotosintéticos, la cantidad de oxígeno en la atmósfera era mucho más baja que la actual y totalmente insuficiente para que prosperase la vida animal. Gracias al trabajo realizado durante millones de años por estas especies, la atmósfera fue enriqueciendo su contenido en oxígeno hasta alcanzar el actual 21 % que nos permite vivir.

La fotosíntesis es el proceso a través del cual las plantas utilizan la luz, el agua y el dióxido de carbono para obtener azúcar y oxígeno. El azúcar, así como los minerales que absorben por las raíces, les sirven para desarrollar todos sus tejidos, mientras que el oxígeno se libera a la atmósfera. La fotosíntesis sólo se realiza de día porque necesita luz, pero las plantas, como los animales, también respiran. Captan oxígeno del aire y liberan dióxido de carbono tanto de día como de noche.

🍅 En un huerto, el sol se encarga de aportar su energía en forma de luz; la lluvia y el riego, de que las plantas dispongan de suficiente agua; y el horticultor, al abonar el suelo, de que no falte ningún nutriente.

Los nutrientes del suelo

Los catorce nutrientes minerales que las plantas necesitan se suelen dividir en tres grupos según la cantidad en que las plantas los utilizan:

- Macronutrientes.
- Nutrientes secundarios.
- Microelementos

Hay tres macronutrientes: **nitrógeno, fósforo** y **potasio** (NPK). Las plantas los utilizan en grandes cantidades. Los tres nutrientes secundarios, **calcio, magnesio** y **azufre** hacen falta en cantidades medias. Las plantas necesitan los ocho microelementos (**hierro, manganeso, zinc, boro, molibdeno, cobre, cloro** y **cobalto**) para crecer bien, pero consumen una cantidad mínima de cada uno. Cuando a una planta le falta alguno de los nutrientes, muestra síntomas de carencias y crece con problemas. Según el nutriente que escasee, los problemas serán más o menos graves y afectarán en uno u otro momento de la vida de la planta. Por ejemplo, la falta de nitrógeno afecta al crecimiento, mientras que la carencia de fósforo impide un normal desarrollo de la floración.

Las plantas que crecen silvestres no reciben abonos y, aun así, crecen. Lo hacen porque se alimentan de los desechos de los microorganismos del suelo. Cuando estos organismos descomponen la materia orgánica y se alimentan de ella, también segregan sustancias que disuelven los minerales presentes en el suelo, de modo que resultan asimilables por las plantas.

 Cada vez que muere una planta o un animal, la descomposición devuelve sus nutrientes al ecosistema para que otros organismos los puedan reciclar.

La vida microbiana del suelo se desarrolla mucho mejor en presencia de abundante materia orgánica, humedad suficiente y ausencia de productos tóxicos. Para potenciar un suelo vivo hay que añadir tanta materia orgánica como sea posible, no dejar que se seque excesivamente y evitar dejarlo desnudo de plantas. En un suelo sin cobertura vegetal los microorganismos se desarrollan peor, puesto que les falta alimento. Hay que evitar emplear herbicidas, insecticidas y fungicidas químicos porque resultan muy tóxicos para todos estos microorganismos.

4
Abonos y fertilizantes

La nutrición de la planta es fundamental para su salud y para que nos ofrezca sus frutos de manera constante y sin problemas durante su período de cosecha. Nosotros apostamos por los fertilizantes ecológicos, que no dañan el suelo y que ayudan a que la planta desarrolle sus propias defensas contra plagas y enfermedades.

En líneas generales, podemos dividir los abonos en dos tipos:

• Abonos de síntesis química.
• Abonos orgánicos.

Aunque los fertilizantes químicos están más extendidos y son más baratos y fáciles de usar, las hortalizas que se obtienen con ellos no suelen tener la misma calidad y sabor que las que se logran cuando se abona el huerto con fertilizantes orgánicos. Los abonos orgánicos, por su parte, obtienen sus nutrientes de fuentes de materia orgánica y cumplen una triple función: nutren a las plantas, mejoran el suelo y alimentan a los microorganismos del suelo.

Abonos químicos

Son los fertilizantes más habituales en las tiendas y la base de la agricultura comercial aunque, con el auge de la conciencia ecologista, los horticultores domésticos empiezan a preferir los abonos orgánicos, mucho más respetuosos con el medio ambiente y el ecosistema.

Los abonos de síntesis química consisten en sales minerales purificadas en estado sólido o disueltas en agua; no contienen materia orgánica y suelen ser muy concentrados. Son fertilizantes que se producen industrialmente a partir de compuestos sintetizados artificialmente o de minerales ricos en el nutriente deseado. En ocasiones se usan los minerales triturados directamente, pero lo más común es purificarlos y procesarlos químicamente hasta obtener sales minerales puras solubles en agua. Estas sales disueltas aportan nutrientes en forma iónica directamente asimilables por las plantas pero, si se aplican en cantidad excesiva, pueden llegar a dañar y quemar las raíces.

Los fertilizantes químicos resultan cómodos, prácticos y baratos pero también contaminan el medio ambiente cuando se abusa de su utilización. Son abonos que nutren las plantas pero no alimentan el suelo ni los microorganismos que viven en él, por lo que va perdiendo fertilidad poco a poco. Los abonos minerales, especialmente los nitratos, se filtran al subsuelo y se acumulan en los acuíferos subterráneos envenenando las aguas. El uso abusivo de abonos minerales que se lleva a cabo en la agricultura actual ha elevado los niveles de nitratos en los acuíferos de grandes zonas del país muy por encima de los límites seguros para el consumo humano y ha acabado con la fertilidad de grandes extensiones de tierras de cultivo.

En muchas poblaciones rurales el agua de los pozos está tan contaminada por restos de fertilizantes que no se puede beber.

Un problema añadido de la fertilización química es que al matar los microorganismos del suelo las plantas pasan a depender exclusivamente de los nutrientes aportados por el agricultor. En un bosque o en un prado alejado de la mano del hombre, donde ningún horticultor aplica fertilizantes, las plantas crecen sin carencias y disponen de los nutrientes necesarios gracias a la labor de los microorganismos del suelo, que van disolviendo poco a poco los elementos minerales de modo que pueden ser absorbidos por las plantas.

 Cuando los microorganismos mueren por la aplicación excesiva de abonos químicos y pesticidas, el suelo pierde su auténtica fertilidad.

La mayoría de los fertilizantes químicos sólo aportan dos o tres elementos minerales (típicamente nitrógeno, fósforo y potasio) cuando las plantas en realidad utilizan muchos más, aunque en menores dosis. La aplicación indiscriminada de abonos desequilibra cada vez más la química del suelo, y las plantas crecen débiles o enferman con facilidad.

En nuestra opinión, los fertilizantes químicos acaban dando más problemas que soluciones y, aunque pueden ayudar a aumentar la producción cuando se usan correctamente, en un huerto doméstico para el autoconsumo familiar, tienen poco sentido. Ya consumimos muchos restos de fertilizantes, pesticidas y conservantes con los alimentos que compramos en la tienda. Al menos, lo que cultivamos en casa, que sea sano y no dañe el ecosistema.

Abonos orgánicos o ecológicos

Se denominan abonos orgánicos a aquellos fertilizantes que se elaboran sin productos químicos, partiendo de materia orgánica de distintas procedencias. Resultan mucho más respetuosos con el ecosistema que los fertilizantes químicos y no dañan la fertilidad ni la vida del suelo. Generalmente se utilizan distintos productos de origen vegetal o animal, sometidos a un proceso de descomposición que libera los nutrientes que contienen. Junto a los distintos nutrientes minerales, los abonos orgánicos contienen materia orgánica que mejora la estructura y la fertilidad del suelo ya que sirve de alimento a los microorganismos. Los suelos ricos en materia orgánica conservan mejor la humedad y por ello requieren riegos menos frecuentes.

Los nutrientes atrapados en la materia orgánica se mantienen protegidos por esta y no se pierden arrastrados por la lluvia o degradados por el sol. En cambio, los elementos minerales en su forma más simple permanecen muy poco tiempo disponibles para las plantas por lo que gran parte de los nutrientes aportados por los abonos químicos nunca llegan a ser utilizados por las plantas. Utilizando abonos orgánicos es más difícil dañar o matar la planta por exceso de fertilizante que cuando se usan abonos químicos.

Hay dos tipos generales de **abonos** orgánicos:

- Los abonos **sólidos** se mezclan con la tierra antes de plantar o bien se esparcen sobre la superficie si las plantas ya están sembradas.

- Los **líquidos** se disuelven en agua y se aplican con el riego.

Los abonos que más ayudan a mejorar la fertilidad del suelo son los sólidos, ya que suelen contener gran cantidad de materia orgánica que estimula la vida microbiana. El **estiércol**, el **compost** y el **humus de lombriz** son los principales abonos orgánicos sólidos usados en el huerto. Los abonos orgánicos líquidos son prácticos, pues se aplican en el momento que hacen falta, y tan cómodos de usar como los abonos químicos, pero mucho más ecológicos.

Algunos abonos, como el estiércol o el compost, acondicionan la tierra a la vez que la fertilizan. En realidad, cualquier materia orgánica que se añada a la tierra se descompone y aporta elementos nutritivos al suelo, pero existen algunas más apropiadas que otras:

- **Compost**: El es producto que se obtiene de la descomposición de la materia orgánica a través de un proceso llamado compostaje. Es un fertilizante muy práctico porque enriquece y acondiciona el suelo. Se puede compostar casi cualquier materia orgánica. Basta con mezclar y amontonar los desechos vegetales troceados y regar bien el montón. El proceso se desarrolla automáticamente. No hay que dejar que se seque demasiado, en tiempo seco y caluroso hay que regarlo cada pocos días. Para lograr una descomposición homogénea, al cabo de unas semanas hay que deshacer el montón y volverlo a construir, colocando en el centro el material que estaba en la superficie.

En las tiendas de jardinería se pueden encontrar compostadores domésticos prefabricados de pequeño tamaño que permiten elaborar compost con los restos orgánicos de la cocina y el huerto. Basta ir añadiendo toda la basura orgánica en el compostador y dejar que se descomponga. En unos meses tendremos un magnífico abono orgánico para nuestro huerto.

- **Estiércol:** Es un estupendo fertilizante que ayuda a acondicionar el suelo y aporta casi todo lo que la planta necesita. Si está maduro se puede usar en grandes cantidades sin miedo a quemar las plantas. El huerto se beneficiará de la aplicación de estiércol de cualquier animal: vacas, cabras, ovejas, caballos, conejos, gallinas, palomas o cerdos. No todos los estiércoles tienen las mismas características ni la misma fuerza fertilizante. El de caballo, por ejemplo, es bastante suave y, aunque mejora mucho la estructura del suelo, no aporta demasiados nutrientes, mientras que el de cabra o el de conejo son más concentrados. La gallinaza y la palomina, que se recoge de gallineros y palomares, aún son más nutritivas, tanto que deben usarse en pequeñas cantidades para que no quemen las raíces.

El estiércol fresco resulta muy fuerte y quema las raíces. Para madurarlo basta con dejarlo amontonado hasta que pierde el olor fuerte de orina o amoníaco y le queda un suave olor a humus y hongos. El estiércol se puede esparcir directamente sobre el terreno, mezclarlo con la tierra al ararla o añadirlo al montón de compost. La gran cantidad de microorganismos del estiércol y el nitrógeno que contiene contribuyen a acelerar la descomposición del compost y aumentan su fertilidad. Siempre que sea posible conviene mezclar varios estiércoles diferentes ya que el producto final será mucho más completo y equilibrado.

• **Humus de lombriz**: Es uno de los mejores abonos disponibles en las tiendas ya que, además de los nutrientes, aporta una enorme cantidad de microorganismos que contribuyen a mejorar la fertilidad del suelo. Pueden usarse grandes cantidades sin peligro de quemar las plantas. Se mezcla con la tierra o se esparce sobre ella, dejando que la lluvia y el riego lo vaya disolviendo. En los últimos años se han empezado a comercializar vermicompostadores para hacer humus de lombriz en casa. Son muy sencillos de manejar y sólo hay que ir añadiendo los desechos orgánicos de la cocina y el huerto y las lombrices se encargarán de comérselos y descomponerlos hasta formar un buen abono.

• **Guano**: Son excrementos secos de aves marinas. Aunque su composición es muy variable, suele contener bastante fósforo, por lo que es adecuado para hortalizas que se cultivan por los frutos o las flores. Es un fertilizante de acción rápida que las plantas pueden absorber inmediatamente, por lo que resulta muy apropiado para abonar foliarmente, es decir, disolverlo en agua y pulverizarlo sobre las hojas de la planta. Se comercializa en forma sólida para mezclar con la tierra, o bien líquido para disolver en agua de riego.

Necesidad de nutrientes de cada hortaliza

	Alta	Media	Baja	Capta nutrientes del aire
Ajo			x	
Alcachofa	x			
Apio	x			
Berenjena	x			
Berros		x		
Calabacín	x			
Canónigos		x		
Cebolla			x	
Coles	x			
Escarola		x		
Espinacas	x			
Fresas	x			
Girasol	x			
Guisantes				x
Habas				x
Judías verdes				x
Lechuga		x		
Maíz	x			
Melón	x			
Nabo		x		
Patatas	x			
Pepino	x			
Pimiento	x			
Rabanito			x	
Remolacha		x		
Rúcula		x		
Sandía	x			
Tomate	x			
Zanahoria		x		

5
El riego

El principal trabajo del horticultor, una vez sembrado el huerto,
es regarlo periódicamente para que a las hortalizas nunca les fal-
te agua. Sin agua no hay crecimiento pero, además, cuando las
plantas sufren sed tienden a endurecerse, las hojas y los tallos se
vuelven más fibrosos y los frutos se quedan pequeños.

Las hortalizas picantes como las guindillas, los pimientos de
padrón, la mostaza o los rabanitos pican mucho más cuando
les ha faltado agua durante el crecimiento. El tomate tiene
un comportamiento algo diferente. Durante el crecimiento
de las plantas y hasta el principio de la formación del fruto
se beneficia de los riegos frecuentes. Sin embargo, durante la
maduración de los frutos es mejor reducir la frecuencia de
riegos para que los tomates sean más sabrosos.

El riego es necesario, pero el exceso de agua es muy per-
judicial. No todas las verduras son igual de sensibles, pero
casi ninguna crecerá bien en un terreno empapado. Cuando
el suelo está anegado de agua, las raíces sufren por falta de
oxígeno y pueden llegar a pudrirse.

Como norma general no hay que regar hasta que la capa

superior de tierra se haya secado. En función del tamaño de la planta, la temperatura, la humedad relativa del aire y el viento que haya, esto sucederá antes o después. En pleno verano las plantas necesitan transpirar mucho para poder soportar las altas temperaturas y esto, como es lógico, también aumenta la necesidad de agua. Las tierras arenosas y con buen drenaje aguantan menos agua que las tierras arcillosas o las muy fértiles. El contenido de materia orgánica influye en la cantidad de agua que un suelo puede absorber. Si la tierra del huerto se seca con demasiada rapidez, añadiendo materia orgánica aumentaremos su capacidad de retención.

Los horticultores principiantes suelen tener dudas sobre cuándo y cuánto regar, pero la experiencia les enseñará a interpretar las señales y las necesidades de cada planta. Como norma general hay que considerar que las plantas con mucho follaje suelen requerir riegos más frecuentes que aquellas menos frondosas. Por ejemplo, las cebollas necesitan menos agua que las lechugas.

El mejor método para saber cuándo regar es observar el aspecto de las hortalizas. Cuando falta agua, las plantas adoptan diversas estrategias para reducir su deshidratación. Las hojas se marchitan y pierden su vigor; al quedar caídas reciben menor cantidad de radiación solar, lo que reduce la traspiración y la pérdida de agua. El marchitamiento es el síntoma más claro de que hace falta regar. Pocas horas después de regar una planta falta de riego recupera su buen aspecto, pero si pasa mucho tiempo sin agua puede llegar a morir o sufrir tanto que no se acabe de recuperar.

Cuando la tierra se seca, las hortalizas dejan de crecer y comienzan a marchitarse casi enseguida. El tiempo que permanece la tierra seca es tiempo perdido y significa una menor cosecha.

Las necesidades de riego de un huerto varían mucho a lo largo del año. En invierno, el riego es casi innecesario salvo en periodos especialmente cálidos y secos. En primavera y otoño depende del clima de la zona pero, por lo general, el suelo permanece bastante húmedo gracias a la lluvia. En cambio, durante los calurosos meses de verano hay que regar muy a menudo, según el clima y el tipo de suelo, entre una vez al día y una vez por semana.

Cuando regamos, una parte del agua aplicada en el riego es aprovechada por las plantas, pero otra gran parte se pierde porque se evapora del suelo, sobre todo cuando la tierra está desnuda. Es posible alargar el número de días que el huerto aguanta entre riego y riego reduciendo la evaporación del suelo. Lo logramos cubriendo la tierra con una capa de *mulch* o mantillo. Aunque lo más habitual es usar compost o paja, se puede usar cualquier material que impida que los rayos de sol incidan directamente sobre el suelo, desde cortezas de pino hasta hierba seca, papel de periódico o cartón. La capa de mantillo atrapa y condensa la humedad a la vez que reduce la evaporación. El *mulch* también evita el recalentamiento de la tierra y reduce la aparición de hierbas adventicias que, aunque siempre se hayan llamado malas hierbas, no tienen nada de malas, sólo brotan donde no queremos que estén y compiten con nuestras verduras, robándoles parte del agua y los alimentos.

Una opción alternativa y muy cómoda es usar una malla

antihierbas como cobertura. Estos tejidos permiten que el suelo respire y el agua de lluvia penetre en la tierra, pero impiden que puedan crecer las hierbas. Cuando se usan en un huerto, se extienden sobre el suelo y se perforan agujeros para plantar las hortalizas. Es un sistema muy práctico que reduce al mínimo el trabajo de eliminar la competencia de las hierbas. Salvo las pocas que puedan salir directamente en los agujeros de la malla, el huerto permanecerá completamente libre de adventicias.

El mejor momento para regar el huerto es al atardecer, lo que permite a las plantas absorber agua durante la noche y reduce la evaporación. También se puede regar por la mañana temprano, pero hay que evitar hacerlo a pleno sol.

🍅 **Las hortalizas sensibles al ataque de los hongos, sobre todo las solanáceas (tomate, patata, pimiento, berenjena) y las cucurbitáceas (calabaza, calabacín, pepino) se deben regar sin mojar las hojas.**

El **agua de lluvia** es la mejor para regar el huerto ya que está libre de sales, es agua completamente pura. Si podemos idear un sistema para recoger agua cuando llueve, el huerto lo agradecerá y las plantas crecerán más rápidamente y con menor necesidad de abonos. Incluso mezclando agua de lluvia con agua del grifo, los resultados son mejores que si sólo se riega con agua del grifo.

Sistemas de riego

Riego a manta: Consiste en inundar los surcos del huerto con una gran cantidad de agua. El horticultor dirige el flujo de agua a cada surco sucesivamente y, cuando está lleno, cierra el extremo con tierra y dirige el agua hacia el siguiente surco. Es un sistema de riego que empapa muy bien y dura bastante, pero gasta una enorme cantidad de agua y moja todo el terreno, lo que favorece la aparición de más hierbas adventicias.

Riego por goteo: Es el sistema más eficiente en consumo de agua y el más recomendado. Aunque tiene un coste económico y lleva un rato montarlo, el ahorro en agua y tiempo regando lo compensa de sobra. El agua cae directamente sobre las raíces de las hortalizas, poco a poco, de modo que va penetrando justo donde hace falta. El inconveniente del riego por goteo es que dura poco y se debe repetir con bastante frecuencia, pero se puede automatizar de manera muy sencilla conectando, entre el grifo y el sistema de goteo, un programador que abra y cierre el agua a las horas previamente determinadas por el horticultor.

Riego por aspersión: Aunque es un sistema muy cómodo que permite regar una extensión relativamente grande sin complicarse instalando goteros ni tener que tapar surcos o aguantar la manguera, no es demasiado recomendable ya que sólo es adecuado para las verduras resistentes a la humedad. Muchas de las hortalizas presentes en los huertos crecerán con menos problemas si las plantas no se mojan durante el riego.

Riego con manguera: Cuando cae directamente junto las plantas, el fuerte chorro de agua de la manguera hace agujeros en el terreno, daña las raíces, desentierra las semillas y puede llegar a matar a los brotes recién germinados. El agua debe caer sobre el suelo en forma de pequeñas gotas que no lo erosionen. Las mangueras se deben emplear con un difusor que rompa el chorro en una suave ducha.

6
La siembra

La siembra puede realizarse en surcos o en camas elevadas, y también podemos elegir entre planteles ya germinados o semillas. En este capítulo te ayudaremos a decidir cuál es la mejor opción en cada caso.

¿Surcos o camas elevadas?

Las hortalizas de la mayoría de los huertos se siembran en hileras, con largos **surcos** entre ellas, a la manera tradicional. Después de arar la tierra, el horticultor cava los surcos ayudado por la azada. La tierra que extrae del surco la va depositando al lado hasta formar un caballón, que es el lomo que hay entre surco y surco. En esta disposición, las hortalizas se plantan en la parte superior de los caballones y se utilizan los surcos como canales para distribuir el agua de riego.

Hay que tener en cuenta que en el pasado, antes de que existieran las bombas de agua, los horticultores regaban desviando el agua de un río o canalizándola desde una balsa de almacenamiento por medio de canales o acequias. Dentro del huerto, el agua corría por los surcos hasta inundarlos penetrando en el suelo pero sin mojar el cuello de las plantas, que es su punto más débil y sensible al ataque de los hongos y otros parásitos. Dicho de otro modo, se sembraba en surcos para poder regar el huerto. Hoy en día son muy pocos los horticultores que siguen regando de esta manera, ya que el consumo de agua con este sistema es bastante elevado; la mayoría opta por los sistemas de riego por goteo que reducen mucho el gasto de agua y, como las plantas no se mojan, evitan muchos problemas de hongos. Aunque hay algunas hortalizas que toleran el riego por aspersión, la mayoría se desarrolla con menos problemas si no se moja la parte aérea.

Si los surcos ya no son necesarios, ¿acaso hay alguna otra forma de organizar el huerto? La disposición en **camas elevadas** es una técnica muy interesante, ya que aumenta la productividad del huerto, reduce la necesidad de riego y facilita labores de mantenimiento como el desherbado. Las camas elevadas no son más que grandes caballones, de 20 a 40 cm de altura. El ancho no debe superar el metro y medio, para que se puedan alcanzar las plantas del centro sin tener que pisar la cama, pero pueden hacerse tan largas como se desee. Nosotros solemos hacerlas de 5 o 6 metros de largo y unos 120 cm de ancho. Encontramos que las de un metro y medio resultan demasiado anchas para trabajar cómodamente. Entre cama y cama dejamos un pasillo ancho, de un metro aproximadamente, para que resulte cómodo moverse alrededor sin chocar con las plantas de las camas colindantes.

El sustrato de las camas elevadas se suele formar con la tierra del huerto y una buena cantidad de abonos orgánicos como compost, estiércol o vermicompost. Una ventaja de las camas elevadas es que todo el abono se concentra en el espacio donde crecen las hortalizas en lugar de repartirse por toda la superficie del huerto, como sucede en la horticultura tradicional.

El sistema de camas elevadas da mejores resultados cuando estas se recubren con algún **material que sombree el suelo** y ayude a conservar la humedad. Cuando los rayos del sol inciden directamente sobre la tierra la resecan y calientan en exceso. El simple hecho de amontonar cualquier tipo de material orgánico (paja, hierba seca, compost) sobre la tierra reduce considerablemente la temperatura superficial del suelo, potencia el desarrollo de los microorganismos y reduce la cantidad de agua y fertilizantes que necesita el huerto.

Las **medidas** de las camas elevadas no son algo rígido sino que se pueden adaptar a las condiciones climáticas de cada zona. En regiones muy secas y calurosas, la elevación de la cama puede acelerar la deshidratación del sustrato y requerir un mayor aporte de agua, por lo que el horticultor puede optar por cultivar en camas al nivel del suelo para reducir la evaporación del agua. Por el contrario, si el huerto está en una región muy lluviosa, la opción más inteligente es elevar la cama más de lo normal para alejar las plantas del suelo encharcado. En zonas de fuertes vientos se puede rodear la cama elevada con balas de paja, para que frenen el viento y reduzcan la evaporación del agua del suelo.

En las camas elevadas se cultivan distintas **hortalizas mezcladas**, lo que permite ahorrar espacio y aumentar la producción, aunque hay que evitar mezclar variedades que compitan por los mismos nutrientes. Cada planta absorbe distintos elementos del suelo en función de sus necesidades. Por ejemplo, las hortalizas cultivadas por sus hojas (lechugas, espinacas, acelgas…) requieren grandes cantidades de nitrógeno, mientras que aquellas de las que consumimos los frutos (tomate, pimiento, calabacín…) necesitan más fósforo y potasio que nitrógeno. Si clasificamos las hortalizas en función de la parte que se consume, habría que **combinar plantas de raíz, hoja, fruto** y **flor**, ya que necesitan nutrientes distintos y no compiten demasiado. Lo que hay que evitar es sembrar juntas dos verduras del mismo tipo como lechugas y escarolas, guisantes y judías verdes o tomates y pimientos, ya que agotarían rápidamente los nutrientes que ambas necesitan, dejando sin utilizar nutrientes que otro tipo de hortaliza podría aprovechar.

Algunas hortalizas como los rabanitos se desarrollan en apenas un mes, mientras que los puerros pueden requerir hasta seis meses. Además de por su velocidad de crecimiento, las hortalizas también se distinguen por cuánto espacio requieren para desarrollarse. Una cebolla necesita casi el mismo espacio cuando es pequeña que cuando crece, pero una mata de sandías, que recién plantada tiene más o menos el mismo tamaño que una plántula de cebolla, puede llegar a ocupar varios metros cuadrados del huerto al llegar a la edad adulta. Las hortalizas de crecimiento más lento suelen tardar varios meses en alcanzar su tamaño final, por lo que al principio la mayor parte de este espacio permanece vacío. El horticultor puede jugar con los tamaños y las velocidades de crecimiento para aprovechar al máximo el espacio.

 Siguiendo el ejemplo anterior, se pueden sembrar lechugas en torno a la mata de sandías e ir cosechándolas conforme la sandía requiera más espacio.

La organización de un huerto para el consumo familiar no tiene nada que ver con la horticultura comercial. Mientras que los profesionales buscan cosechar todo el producto en pocos días para poder enviarlo al mercado y sembrar la siguiente cosecha, el horticultor familiar busca una **producción constante de verduras variadas,** de manera que todos los días disponga de lo necesario para su consumo.

Las camas elevadas funcionan mejor como espacios de producción continua. Cada vez que se cosecha una planta se vuelve a sembrar otra nueva en el hueco que ha quedado, de ese modo la huerta puede proporcionar verduras continuamente.

RESISTENCIA AL FRÍO DE LAS HORTALIZAS

Muy resistentes	Resistentes	Poco resistentes	Nada resistentes
Ajo	Alcachofa	Alcachofa	Berenjena
Espinaca	Apio	Judía	Calabacín
Fresa	Brócoli	Patata	Calabaza
Haba	Cebolla	Perejil	Maíz
Nabo	Col		Melón
	Coliflor		Pepino
	Escarola		Pimiento
	Guisante		Sandía
	Lechuga		Tomate
	Rabanito		
	Remolacha		
	Zanahoria		

ÉPOCA DE SIEMBRA, TRASPLANTE Y RECOLECCIÓN DE CADA HORTALIZA

Planta	Siembra	Trasplante	Recolección
Ajo	Oct-Ene	No se trasplanta	Jun-Jul
Alcachofa	Abr-Jun	Jul-Ago	Dic-Mar
Apio	Mar-Jun	A los 60 días	Oct-Feb
Berenjena	Feb-Mar	Abr-May	Jul-Oct
Brócoli	Ago	Oct-Nov	150 días
Coliflor	Jul-Sep	Ago-Oct	180 días
Calabacín	Mar-Abr	Abr-May	90 días
Calabaza	Mar-Abr	Abr-May	120 días
Cebolla temprana	Ago-Oct	Ene-Feb	May-Jul
Cebolla tardía	Dic-Mar	Abr-May	Sep-Oct
Chirivías	Primavera y otoño	No se trasplanta	120 días
Col	Abr-Nov	A los 30-60 días	150 días
Escarola	Ago-Oct	Nov-Dic	90 días
Espinaca	Ago-Feb	A los 30 días	90 días
Fresa	Abr-May	Jul-Ago	Jun-Jun del año siguiente
Girasol	Mar-May	No se trasplanta	Sep-Oct
Guisante	Sep-Feb	No se trasplanta	120 días
Haba	Sep-Feb	No se trasplanta	120 días
Judía	Abr-Jul	No se trasplanta	90-100 días
Lechuga	Feb-May	Mar-Jun	90 días
Maíz	Abr-Jun	No se trasplanta	Ago-Sep
Melón	Abr-May	A los 30 días	120 días
Nabos	Mar-Oct	No se trasplanta	60 días

Planta	Siembra	Trasplante	Recolección
Patata	Feb-May	No se trasplanta	Jun-Sep
Pepino	Mar-Jun	A los 30 días	100 días
Pimiento	Feb-Abr	Mar-May	150 días
Rábano	Todo el año	No se trasplanta	30-40 días
Remolacha	Mar-Jun	No se trasplanta	90 días
Sandía	Abr-May	A los 30 días	120 días
Tomate	Feb-May	Mar-Jun	120-150 días
Zanahoria	Mar-Oct	No se trasplanta	120 días

Plantel o semilla

Todas las plantas se pueden reproducir a partir de semillas, pero muchas hortalizas son tan débiles durante las primeras semanas de vida que si se siembran directamente en el huerto perecen devoradas por pájaros, caracoles y otros herbívoros o mueren a causa del frío o las lluvias. Los horticultores siembran estas variedades en **semilleros**, que son bandejas llenas de un sustrato muy fértil y tamizado, que mantienen en invernaderos para que las plántulas puedan desarrollarse sin contratiempos. El problema de hacerse el plantel en casa es que resulta muy lento, porque las plantitas recién germinadas crecen muy despacio. Desde la germinación hasta el momento en que las plantas tienen tamaño suficiente para ser trasplantadas al huerto pasan uno o dos meses.

Para ganar tiempo, los horticultores suelen preferir comprar el **plantel** a empresas o particulares que se dedican a germinar miles de plantas a la vez. En las cooperativas de agricultores y en muchos viveros y tiendas de jardinería venden plantel de todo tipo de hortalizas a precios muy módicos por lo que, salvo que se quiera cultivar una variedad poco común que no se encuentre en las tiendas, no compensa realizar la germinación en casa. El único inconveniente de comprar el plantel es que no hay mucho donde escoger, porque el catálogo de variedades de las que se vende plantel no es muy grande y, por lo general, son plantas enfocadas a la agricultura comercial donde prima la productividad de la planta y otros factores comerciales sobre la calidad del alimento o su sabor.

 Cualquier verdura cultivada en el propio huerto está mucho más buena que la que venden en las tiendas, pero quien quiera cosechar verduras realmente sabrosas debe bucear entre las variedades menos comerciales que sólo encontrará en forma de semilla.

A la hora de hacer el plantel se puede usar el sistema tradicional que consistía en sembrar todas las semillas juntas en una bandeja o maceta llena de tierra fértil y luego repicar las plántulas (sacarlas del sustrato con cuidado de no romper las raíces y trasplantarlas una a una a su lugar definitivo) o, lo que es mucho más sencillo, emplear macetitas pequeñas o una bandeja de alveolos con sustrato y sembrar una o dos semillas en cada hueco. De este modo las plántulas pueden permanecer en la bandeja hasta que han enraizado bien y trasplantarlas cuando son algo más grandes y sin riesgo de dañar las raíces.

Las bandejas de plantel se han de mantener húmedas, protegidas del viento y en un lugar y soleado y cálido, a ser posible un invernadero.

La **técnica de siembra** es igual para todas las semillas. Hay que buscar una tierra fértil y, a ser posible, libre de semillas de malas hierbas. Se puede usar compost, mantillo, turba o un saco de sustrato para macetas, pero hay que tamizarlo bien para eliminar todos los fragmentos grandes que podrían dificultar la germinación de las semillas. La profundidad de siembra recomendada es de tres veces el diámetro de la semilla. Por ejemplo, una semilla de 2 mm se siembra a unos 6 mm de profundidad. No hay que aplicar esta norma exactamente, pero sirve para hacerse una idea aproximada. Si las semillas se siembran a demasiada profundidad no tendrán fuerza suficiente para atravesar la capa de tierra y morirán desnutridas antes de alcanzar la superficie. Por el contrario, una siembra demasiado superficial puede provocar que las semillas se desentierren con el empuje de la raíz durante la germinación, quedando a merced de los pájaros y otros depredadores.

 Las bandejas del plantel deben regarse con mucho cuidado, con una regadera de chorros muy finos o un pulverizador, para que la fuerza del agua no desentierre las semillas.

SISTEMAS DE REPRODUCCIÓN DE LAS HORTALIZAS

Plantas	Siembra directa	Siembra en semillero	Siembra directa o en semillero	Otros sistemas
Ajo	x			
Alcachofa		x		x (por estacas)
Apio			x	
Berenjena			x	
Calabacín			x	
Calabaza			x	
Cebolla		x		
Coles			x	
Escarola			x	
Espinaca			x	
Fresa		x		x (por estolones)
Girasol	x			
Guisante			x	
Haba	x			
Judía			x	
Lechuga			x	
Maíz	x			
Melón			x	
Nabo	x			
Patata				x (siembra de túberculos)
Pepino			x	
Pimiento			x	
Rabanito	x			
Remolacha	x			
Sandía			x	
Tomate			x	
Zanahoria	x			

HORTALIZAS QUE NO TOLERAN EL TRASPLANTE

Hay hortalizas que deben germinarse directamente en su lugar definitivo del huerto porque no toleran bien el trasplante y no se pueden sembrar en plantel. Entre ellas destacan las especies leguminosas como los **guisantes, judías y habas** y ciertas raíces: **rábanos, remolachas, chirivías y zanahorias.**

HORTALIZAS QUE TOLERAN TANTO LA SIEMBRA DIRECTA COMO EN SEMILLERO

Otras hortalizas aceptan tanto la siembra directa como la siembra en semillero: **maíz, remolacha, espinaca, girasol, cardo** y **calabaza** admiten ambos sistemas.

El ciclo de cultivo

Casi todas las hortalizas requieren cuidados similares. Después de arar y estercolar el huerto, cavar los surcos o formar las camas elevadas e instalar el sistema de riego, el siguiente paso es la siembra. Como hemos visto anteriormente, algunas hortalizas las debemos sembrar directamente enterrando las semillas en su lugar definitivo: judías verdes, guisantes, habas, maíz, nabos, rabanitos, remolacha, zanahorias. La mayoría, sin embargo, deben germinarse aparte y trasplantarlas cuando están un poco crecidas. Si compramos el plantel ya germinado podemos trasplantarlas directamente a su lugar definitivo. Esta es la forma más habitual con lechugas, tomates, pimientos, berenjenas, sandías, melones, cebollas, puerros y un largo etcétera. Hay que trasplantar con cuidado, apelmazando ligeramente la tierra alrededor del cuello de la planta para darle estabilidad y evitar que queden bolsas de aire en torno a las raíces, pero sin compactar demasiado el suelo. Una vez plantadas conviene regar abundantemente pero sin que la tierra se encharque.

En las semanas siguientes las plantas comienzan a crecer pero, al mismo tiempo, nacen hierbas adventicias (**malas hierbas**) por doquier. Hay que eliminar estas hierbas cuanto antes, especialmente si las hortalizas están pequeñas, ya que pueden ahogarlas y compiten con ellas por el agua y los nutrientes. La mejor forma de desherbar es hacerlo a mano cuando la tierra está húmeda. Si las malas hierbas son pequeñas saldrán fácilmente con un tirón.

🍅 **El buen horticultor no cesa de desherbar y nunca deja que las malas hierbas crezcan, y mucho menos florezcan o hagan semillas.**

Dice el refrán que «un año de semillado, siete años de escardado». Si siempre se arrancan las malas hierbas antes de que hagan nuevas semillas, con los años cada vez salen menos.

En un huerto fértil y bien abonado con compost o estiércol, las plantas crecerán sin problemas y sólo requerirán riegos periódicos que mantengan la tierra húmeda. Es conveniente revisar las plantas con atención en busca de plagas y enfermedades o síntomas de carencias nutritivas para poder actuar lo antes posible.

El momento de la cosecha de cada especie depende sobre todo de qué parte de la planta se consuma. El ciclo de vida de las plantas tiene varias fases:

- Germinación.
- Crecimiento.
- Floración.
- Fructificación.
- Senescencia.

Las verduras que se cultivan por sus **hojas**, como lechugas o espinacas, se cosechan siempre en la **fase de crecimiento**. La alcachofa, el brócoli y la coliflor son **flores** y por tanto se recogen durante la **floración** y antes de que empiecen a fructificar. De las hortalizas cultivadas por sus **frutos** hay algunas que se recolectan a lo largo de un **periodo largo de fructificación** en que la planta produce varias tandas de frutos (pepinos, tomates, pimientos, berenjenas...) y otras en las que se cosechan todos más o menos a la vez y coincidiendo con la **senescencia**, cuando la planta ya se está secando (calabazas, sandías, melones...).

7
Hortalizas de hoja

Achicoria roja
Cichorium intybus

También conocida como radicchio, *es una especie de lechuga arre-pollada de color rojizo muy apreciada en Suiza, Alemania y el norte de Italia. Es un poco amarga, como la escarola o las endibias.*

Se suele combinar con otras lechugas para que la ensalada adquiera un color atractivo sin que se perciba tanto el amargor. Si sólo disponemos de *radicchio* para hacer la ensalada, le irá bien una vinagreta con miel o alguna mermelada; el dulce contrarresta en parte el sabor amargo.

Siembra: A lo largo de todo el año, de enero a abril y de octubre a diciembre en interior, desde mayo hasta septiembre en el exterior.

Recolección: Entre los 70 y los 110 días, dependiendo de la variedad.

Requerimientos: Se siembran a una profundidad de 1 o 2 cm. La distancia entre líneas será de 40 cm y entre plantas de 25 cm. Si hemos sembrado en interior, el trasplante se realiza a los 30 días de la siembra, cuando tienen unas 3 o 4 hojas.

Tierra: Se adapta bien a los terrenos ligeros, frescos, sueltos, que drenen bien y con un pH neutro o ligeramente ácido. El suelo debe estar bien trabajado para que las raíces puedan penetrar la tierra con facilidad.

Sol: A pleno sol.

Temperatura: Para germinar requieren una temperatura de unos 25 ºC. Para su desarrollo entre 8 y 30 ºC.

Riego: Los riegos deben ser regulares para mantener una humedad constante en la tierra, evitando los encharcamientos.

Abono: Es bastante exigente en nutrientes. Realizaremos una buena preparación del terreno aportando estiércol maduro y volveremos a abonar una o dos veces más a lo largo del ciclo de cultivo.

Variedades: El clima es un factor importante para el buen o mal desarrollo de la achicoria roja, y cada variedad tiene sus peculiaridades en cuanto al clima. Las variedades mejor adaptadas al clima mediterráneo son:

- **Variedades precoces:** Rossana, es muy precoz. Messola y *Ciccoria Rossa de Chiggia.*
- **Variedades semiprecoces:** Marsica, *Palla Rossa.*
- **Variedades tardías:** Gloria, Jessica.

Cuidados: Eliminar las malas hierbas.

Problemas más comunes y cómo resolverlos: Los parásitos que atacan a esta planta son **pulgón, gusanos** y **mosca de la achicoria.** Los combatimos con insecticidas vegetales a base de neem o piretrinas. **Hongos** como la botritis o el mildiu también pueden infectar las plantas. Los prevenimos controlando los riegos (evitando encharcamientos en la tierra), y fumigando con sulfato de cobre.

Alcachofa
Cynara scolymus

El tierno corazón de una alcachofa cruda, simplemente cortado en finas láminas, es un delicioso ingrediente en ensalada. Aparte de su exquisito sabor, la alcachofa tiene grandes propiedades: protege el hígado y favorece la función biliar. También es diurética y laxante.

Siembra: Lo más habitual es trasplantar esquejes en los meses de marzo y abril, o bien plantar estacas en julio y agosto, pues si partimos de semilla, tardamos casi un año en poder cosechar.

Recolección: A partir de los 3 meses, si trasplantamos los esquejes en marzo o abril, o en 4 o 5 meses si partimos de estacas plantadas en julio o agosto. Hay que cosecharlas mientras están duras y compactas, pues si las dejamos en la planta empiezan a crecer los pelos internos y menguará mucho la calidad.

Requerimientos: La alcachofera puede estar produciendo durante 4 años, por tanto conviene cultivarla en algún extremo del huerto para que no entorpezca las labores rutinarias.

Tierra: Necesita una tierra aireada, que drene bien y muy rica en materia orgánica y humus. El pH adecuado está entre 6,5 y 7,5.

Sol: La alcachofa acepta estar en sol y en semisombra.

Temperatura: La alcachofa es una verdura de invierno. Necesita temperaturas comprendidas entre 7 y 25 ºC. Por debajo de -4 ºC la planta se hiela y la producción de la temporada se retrasará bastante y será menor.

Riego: Requiere riegos regulares, pero sin exceso de agua para evitar podredumbres. A partir de julio o agosto y hasta septiembre u octubre no hay que regarla, pues rebrotará con mayor vigor si la tierra donde crece ha llegado a secarse completamente durante el parón estival.

Abono: La alcachofera es una planta bastante exigente en nutrientes, sobre todo durante el período de floración. Por tanto tenemos que realizar aportes periódicos de abono.

Variedades: Las alcachofas se diferencian por la forma (oval o esférica), el color (verde o violeta), el tamaño, la precocidad y la resistencia al frío.

- **Alcachofa blanca de Tudela:** Es oval, pequeña, de color verde y muy temprana.
- **Violeta de Provenza:** Es esférica, pequeña, color violeta, temprana y resistente al frío.

Cuidados: Los cuidados que necesita esta planta son la eliminación de las malas hierbas y la poda de la parte aérea cuando llega la parada veraniega (julio o agosto).

Problemas más comunes y cómo resolverlos: El **pulgón** es un habitual huésped de la alcachofera. Para evitarlo debemos controlar el riego y el abonado, que nunca deben ser excesivos. Para acabar con el pulgón tendremos que recurrir a insecticidas vegetales. El **barrenador** y otros gusanos también atacan a esta planta. Se pueden enterrar rodajas de zanahoria alrededor de la planta y por las mañanas eliminaremos manualmente los gusanos que encontraremos clavados en ellas. La aplicación de BT (*Bacillus thuringiensis*) va bastante bien para acabar con los gusanos.

Apio
Apium graveolens

El apio crujiente y sabroso aporta un toque distinto a las clásicas ensaladas, además es una verdura muy beneficiosa para nuestra salud. Tiene propiedades anticancerígenas, antiinflamatorias, digestivas y diuréticas, y su consumo habitual ayuda a reducir el colesterol.

Una ensalada muy simple: cortar la parte blanca y tierna de los tallos en trocitos pequeños y aliñarlos con aceite de oliva, vinagre y sal. Está buenísima.

Siembra: De enero a marzo y de julio a septiembre.

Recolección: Cuando son jóvenes, a partir de los 2 meses, se pueden recolectar algunas pencas con sus hojas. Desde los 4 meses se cosecha el apio entero.

Requerimientos: Los meses fríos sembramos en semillero y a partir de marzo al aire libre. El trasplante se realiza a los 2 meses de la siembra o cuando la planta alcanza unos 15 cm de altura y ha desarrollado cuatro hojas. El apio se siembra a muy poca profundidad. Lo más sencillo es poner las semillas sobre la tierra del semillero y cubrirlas con una capa de tierra de unos 2 mm.

Tierra: Le gusta una tierra rica en humus y con pH neutro.

Sol: Crece bien tanto al sol como en semisombra.

Temperatura: Las temperatura ideal es de 5 a 20 ºC.

Riego: Los riegos han de ser abundantes y regulares.

Abono: El apio es exigente en nutrientes y muy sensible al déficit de boro, azufre o magnesio. Conviene preparar la tierra con humus y estiércol bien maduro antes del trasplante. Además será necesario volver a abonar a lo largo del crecimiento de la planta, sobre todo si vemos que las hojas amarillean.

Variedades: Existen dos variedades de apio, el *Apium graveolens* (se consumen las pencas y las hojas) y el *Apium graveolens* var. *raperaum* (se consume la raíz). El primero es el que conocemos comúnmente como apio, y del cual podemos cultivar dos clases:

- **Apio verde:** Requiere la práctica del blanqueo si queremos obtener pencas amarillas. Es más rústico y por tanto más fácil de cultivar que las variedades amarillas.
- **Apio amarillo:** No necesita el proceso de blanqueo. Es más pequeño que el de la variedad verde.
- **El apio-nabo, apio-rábano o celery:** Es una planta poco consumida en España que, en cambio, es bastante popular en el resto de Europa. El ciclo de cultivo es más largo que el del apio. La raíz se consume cruda y rallada en ensaladas. Su sabor es parecido al de las pencas del apio.

Cuidados: Hay que eliminar las malas hierbas a medida que nacen y aporcar los apios para su blanqueo.

Problemas más comunes y cómo resolverlos: El **mildiu** del apio se reconoce por provocar amarilleamiento de las hojas que luego se secan. Para prevenir las enfermedades fúngicas y las podredumbres fumigamos cada 2 semanas con azufre y cobre. Los **pulgones** los combatimos con algún insecticida vegetal a base de neem o piretrinas. La **mosca del apio** coloca sus huevos en el envés de las hojas; luchamos contra este parásito con insecticidas vegetales. La **mosca de la zanahoria** hiberna en la tierra; para prevenir su aparición debemos plantar los apios lejos de las zanahorias y nunca donde hayamos sembrado zanahorias anteriormente.

Berros
Nasturtium officinale

Los berros tienen un ligero punto picante muy agradable y su-
gerente que permite introducir nuevos matices de sabor en las en-
saladas.

Siembra: De febrero a marzo y de septiembre a octubre.
También pueden sembrarse a finales de primavera y a finales
de verano si los situamos a la sombra. En invierno se pueden
sembrar en interior.

Recolección: A partir de los dos meses y medio de la siembra. Escalonando la siembra podemos cosechar berros prácticamente todo el año. Se cosechan las hojas exteriores dejando
las centrales y de esta forma continúa creciendo la planta.

Requerimientos: Los berros son plantas que en estado silvestre crecen junto a los arroyos y necesitan una humedad muy elevada. Para realizar la siembra directa se requiere que el terreno sea arcilloso (barro húmedo) y rico en humus. También se puede sembrar en semilleros o macetas rellenas de humus y colocarlas sobre un plato o bandeja con agua que cambiaremos a diario. Si las sembramos en tiestos, pueden realizar todo el ciclo vegetativo en ellas. Se siembran a 2 cm de profundidad. Elegiremos el rincón más húmedo y sombrío del huerto para trasplantarlas, dejando unos 20 cm de distancia entre plantas y 10 cm entre hileras.

Tierra: Debe ser barro arenoso y rico en humus. El pH debe ligeramente alcalino, alrededor de 7,5.

Sol: Si los plantamos en tierra deben estar en un lugar sombrío. Si los trasplantamos en un estanque o riachuelo pueden estar al sol.

Temperatura: El berro crece bastante bien con temperaturas altas y bajas, pero no soporta las heladas.

Riego: El berro, estando en tierra, se debe regar constantemente. Requiere muchísima humedad en la tierra. Por ello debemos elegir un lugar sombrío y enlodado o donde la capa freática sea muy superficial.

Abono: Son bastante exigentes en nutrientes. Al preparar la plantación conviene añadir una buena cantidad de humus.

Variedades: Existen dos especies diferentes que se conocen como berros:

- **Berro de agua:** Es el berro común. Crece de forma silvestre en manantiales, riachuelos, embalses... Se puede sembrar en verano (hasta el mes de julio) y crece tanto en el agua como en tierra. Es más nutritivo que el berro de jardín.
- **Berro de jardín:** También llamado **mastuerzo**. Es un poquito más picante que el berro de agua. Su cultivo es un poco más sencillo pues no requiere tanta cantidad de agua.

Cuidados: Eliminamos las malas hierbas.

Problemas más comunes y cómo resolverlos: Los berros presentan pocos problemas. Si los cultivamos en macetas es importante cambiar el agua de los platos a diario para evitar que aparezcan hongos.

Canónigos
Valerianella locusta

Los canónigos se suelen mezclar con otras lechugas, pero a noso-
tros nos encantan solos. Quizá sea la hoja verde de sabor más
suave y delicado que hayamos probado; es buena para que los ni-
ños aprendan a consumir ensaladas, pues el sabor les gusta y solo
tienen que acostumbrarse a la textura de las hojas verdes crudas.

Para ello os proponemos que escojáis un ingrediente que en-
tusiasme a vuestro hijo (algún fruto seco, queso, fruta u hortaliza que le guste mucho) y lo combinéis con los canónigos.
Es un buen método para introducirles en el mundo de las
ensaladas, ya que el sabor de los canónigos destaca poco.

Siembra: Se siembran durante los meses de septiembre y octubre.

Recolección: Comienza a partir del mes y medio desde la siembra, y continúa hasta el mes de marzo. Cuando llega el calor provoca la floración y con ella cambia, a peor, el sabor de las hojas.

Requerimientos: Es conveniente poner en remojo las semillas durante uno o dos días para que la germinación sea más fácil. Se siembran a 1 cm de profundidad. Las plantas deben espaciarse dejando 10 cm entre ellas.

Tierra: A los canónigos les gusta una tierra ligera con estiércol o humus. Crecen con cualquier pH.

Sol: A pleno sol.

Temperatura: Les gustan las temperaturas frescas y frías. Se cultivan en otoño e invierno ya que resisten las heladas.

Riego: Los riegos deben ser regulares para mantener una humedad constante en la tierra. No toleran la sequía.

Abono: Son bastante exigentes en cuanto a nutrientes. Por ello haremos una buena preparación del terreno añadiendo estiércol maduro o humus.

Variedades: Las variedades que más se cultivan son: **corazón lleno** (tiene forma de roseta), **verde de Louviers** y **Holanda**. Todas ellas son de hoja estrecha y planta compacta. También se recolecta la variedad **silvestre** (su sabor es un poco más intenso).

Cuidados: El único cuidado que requiere esta planta es la eliminación de las malas hierbas, que suelen ser muchas debido a las lluvias otoñales.

Problemas más comunes y cómo resolverlos: Es una planta muy rústica que no suele presentar problemas. Al cultivarse en otoño puede verse atacada por hongos en las hojas si la humedad ambiental es excesivamente elevada. Para evitar los ataques debemos sembrarla en un lugar del huerto muy soleado y eliminar las hojas infectadas para evitar que los hongos se extiendan a toda la planta.

Coles
Brassica oleracea

De todas las hortalizas, el brócoli es la verdura con mayor valor nutritivo. Coliflor y brócoli se pueden consumir crudos en ensalada o bien escaldarlos 3 o 4 minutos para que sean más tiernos y dejarlos enfriar antes de añadir a las ensaladas. Para consumir crudos se pueden cortar en láminas finas o bien separar las flores hasta que queden bastante pequeñas y uniformes.

Siembra: Se puede sembrar a lo largo de todo el año, eligiendo la variedad adecuada, aunque es preferible evitar los meses de verano.

Recolección: A partir de los 60 días. Las coles las cosechamos cuando el repollo se ha formado y está duro y compacto. Los brócolis y coliflores se cosechan cuando la cabeza floral ha alcanzado el tamaño adecuado y antes de que empiecen a espigarse.

Requerimientos: La semilla se entierra a poca profundidad, 1 cm o menos. El trasplante lo realizaremos cuando las plantas tengan cuatro o cinco hojas y una altura de 8 a 10 cm.

Tierra: A las coles les gusta una tierra rica en humus y con un pH neutro o un poco alcalino.

Sol: Estas hortalizas pueden crecer al sol y a la sombra.

Temperatura: Las coles resisten heladas y temperaturas bajas entre -5 y -10 ºC, en cambio detestan el calor excesivo. La única que no resiste las heladas es la coliflor.

Riego: Requieren riegos abundantes y regulares pero sin encharcamientos. Hay que mantener la tierra con humedad constante.

Abono: Las *Brassicas* son bastante exigentes en nutrientes, por tanto debemos hacer una buena preparación del terreno añadiendo abundante estiércol maduro.

Variedades: Existen muchas variedades de *Brassicas*:

- **Coliflor:** Suele alcanzar los 2 o 3 kg de peso, es una cabeza compacta redonda y blanca formada por inflorescencias inmaduras. También las hay de color anaranjado, verde claro o violáceo.
- **Brócoli:** Sus inflorescencias son menos compactas y más

espigadas que las de la coliflor. Están dispuestas en forma de árbol y nacen de un grueso tallo comestible. Los colores son verde oscuro o violáceo. Existe otro brócoli cuya cabeza está compuesta de pequeñas protuberancias de forma piramidal y color verde claro.

- **Col repollo**: Es una col de hojas lisas que forman un repollo compacto que suele ser redondo. Es muy resistente a las heladas.
- **Col Milán**: Sus hojas son rizadas, forman un repollo redondeado o aplastado y también son muy resistentes a las heladas.
- **Col lombarda**: Tiene las hojas de color violáceo y forma un repollo redondeado y compacto.
- **Colinabo** o **rutabaga**: Es un cruce entre el repollo y el nabo. La parte comestible es la raíz.
- **Coles de Bruselas**: Pequeños repollos que se forman en las axilas de las hojas. También se pueden comer crudos si se cortan en láminas muy finitas.

Cuidados: Requieren la eliminación de las malas hierbas y quizás algún aporcado o recalce para que la planta no se tumbe por el peso del repollo, aunque no suele ser necesario.

Problemas más comunes y cómo resolverlos: Las coles pueden verse atacadas por **pulgones** y por **mariposas de la col**, que reconocemos porque ponen sus huevos en el envés de la hoja y son de color amarillo. De estos huevos nacen las orugas de la col, que se meten entre las hojas y las van devorando. No pasarnos con el nitrógeno ayudará para evitar el pulgón. Si ya se ha instalado en nuestras plantas lo atacaremos con algún insecticida vegetal a base de neem o pelitre.

La **mariposa de la col** no será un problema si vigilamos las plantas y chafamos con los dedos los huevos que podamos encontrar. También podemos combatirla fumigando las plantas con *Bacillus thuringiensis*. Pueden sufrir **podredumbres** si se encharca el terreno con el riego.

Endibias
Cichorium intybus L. Var. *foliosum*

La endibia es una variedad de la achicoria que se obtiene mediante la técnica del forzado. Un empleado del jardín botánico de Bruselas descubrió de forma casual que la raíz de la achicoria cubierta de tierra rebrotaba nuevamente al abrigo de la luz, formando un nuevo cogollo blanquecino y alargado.

Así pues, el cultivo de la endibia consta de dos partes: primero se cultiva la achicoria y se extraen sus raíces y, en una segunda fase, se entierran las raíces a bastante profundidad para lograr que broten las endibias.

Siembra: La siembra de semillas se efectúa entre marzo y mayo. En otoño se entierran las raíces que formarán las endibias.

Recolección: A los 5 meses de la siembra de la achicoria y, si partimos de las raíces, al mes de haberlas enterrado.

Requerimientos: La tierra se debe trabajar en profundidad, unos 20 o 30 cm, para que quede suelta y mullida. Las semillas se siembran a una profundidad de 1-2 cm, dejando una distancia entre ellas de unos 10-15 cm. Podemos sembrar directamente en la tierra o bien en semillero. El trasplante se realiza a los 25-30 días, o bien cuando las plántulas tengan entre 5 y 7 hojas.

Tierra: El terreno debe estar libre de piedras. A la endibia le gusta el suelo ligero, profundo, bien aireado y que drene bien, con un pH neutro o ligeramente alcalino.

Sol: Durante la primera fase al sol, y en completa oscuridad durante la formación de la endibia.

Temperatura: Durante la germinación necesita una temperatura entre 25 y 30 ºC. Durante el desarrollo de las plantas la temperatura óptima es entre 16 y 20 ºC.

Riego: Durante la primera fase los riegos deben ser regulares para mantener una humedad constante en la tierra, pero evitando los encharcamientos. Una vez se entierran las raíces sólo se requiere un único riego al principio.

Abono: La endibia no tolera un exceso de abono. Sus necesidades de nutrientes son medianas, por tanto realizaremos una preparación del terreno aportando una cantidad moderada de estiércol.

Variedades: Existen una gran cantidad de híbridos que se clasifican en función de su precocidad:

- **Variedades precoces:** Tienen un ciclo vegetativo corto, como la endibia Daliva o Tor.
- **Variedades de ciclo medio:** Son más productivas y el ciclo vegetativo es un poco más largo. La endibia Mazurca pertenece a esta variedad.
- **Variedades tardías:** Su ciclo es más largo y aguantan algo más una vez cosechadas.

Cuidados: Durante la primera fase debemos eliminar las malas hierbas. A los tres meses y medio de la siembra llega el momento de blanquear la achicoria o endibia cubriéndola con una bolsa de papel. Transcurridos unos 20 días cosechamos las plantas, que no resultarán demasiado amargas gracias al blanqueo. Luego arrancamos las raíces, que limpiamos de tierra, y también eliminamos las raicillas pequeñas. Cavamos un agujero de medio metro de profundidad donde colocamos las raíces y cubrimos de tierra muy suelta y sin piedras. Regamos y al mes tendremos las endibias formadas y listas para cosechar.

Problemas más comunes y cómo resolverlos: Los parásitos que atacan a las endibias son la **mosca de la achicoria** y los **gusanos de alambre**. Para combatirlos usamos algún insecticida vegetal a base de neem. También nos podemos encontrar con alguna **enfermedad fúngica** como la roya o el oídio, que combatiremos fumigando las plantas con caldo bordelés.*

---

* Es un fungicida tradicional inventado por los viticultores franceses y que se compone de sulfato cúprico y cal hidratada. Si quieres puedes sustituirlo por sulfato cúprico, que se encuentra ya preparado en las tiendas.

Escarola
Cichorium endivia

La escarola tiene un toque amargo que desagrada a algunos y fascina a otros. Se puede quitar un poco el amargor sumergiendo las hojas durante media hora en agua fría. Tiene más fibra que la lechuga, por lo que resulta laxante y diurética. Sus propiedades nutritivas son similares a las de la lechuga.

Siembra: La escarola es una planta de invierno, aunque en la actualidad encontramos variedades para sembrar a lo largo de todo el año.

Recolección: A los 2 o 3 meses de la siembra, según la variedad. La escarola aguanta más tiempo que la lechuga en la tierra una vez que ha terminado su ciclo de crecimiento.

Requerimientos: Para germinar, la escarola necesita una temperatura de 22-24 ºC durante 3 días. Por esta razón se germinan en semillero cubierto, donde las tendremos un mes. Luego las trasplantamos al huerto, dejando una distancia entre ellas de unos 25-30 cm.

Tierra: A la escarola le gustan los suelos franco-arcillosos (donde las capas inferiores mantienen una humedad constante) y prefieren la tierra ácida a la alcalina. El pH óptimo está entre 6 y 7.

Sol: La escarola prefiere ser plantada a pleno sol, pero como no es una planta muy exigente admite bien estar a la sombra.

Temperatura: Se desarrolla bien en un rango entre 14 y 18 ºC durante el día y entre 5 y 8 ºC por la noche. Aunque puede llegar a soportar hasta -6 ºC sin apenas problemas. No soporta temperaturas superiores a los 28 ºC. Por esta razón es preferible evitar plantarla durante los meses de verano.

Riego: Lo mejor es regarla a primera hora de la mañana o a última hora de la tarde, pero nunca cuando hace mucho calor o a pleno sol, pues podemos producir desequilibrios en la planta. En el inicio del desarrollo de la escarola podemos regar a diario, para luego pasar a regarla cada 2 o 3 días.

Abono: Es una planta bastante exigente en potasio. Se debe usar un fertilizante completo al cual podemos añadir un poco de ceniza o humus de lombriz cada 20 o 30 días.

Variedades: Hay dos tipos de escarolas:

- Las de **hoja ancha y lisa** (*Cichorium endivia* var. *Latifolia*).
- Las de **hojas finas y muy rizadas** (*Cichorium endivia* var. *Crispa*). Una de las escarolas más apreciadas en gastronomía por su dulzor es la «cabello de ángel», que pertenece a esta variedad.

Cuidados: Los cuidados que necesitan son los mismos que las lechugas: arrancar las malas hierbas y blanquearlas para reducir su amargor. Esta operación se puede hacer atándolas como a las lechugas o bien tapándolas con una campana de plástico provista de unas varillas metálicas que sirven para anclarla a la tierra. Estas campanas son específicas para el blanqueo de las escarolas. Para que esta hortaliza no resulte muy amarga es importante que no pase sed, blanquearla y cosecharla después de unos días de frío.

Problemas más comunes y cómo resolverlos: Es una planta bastante rústica que apenas da problemas. Ocasionalmente puede verse atacada por **hongos, pulgón, babosas** y **caracoles.** Debemos proceder como con las lechugas, evitando el exceso de humedad y de abono. El *tipburn* es una fisiopatía bastante común en la escarola que produce quemaduras en las puntas de las hojas jóvenes. Los factores ambientales que favorecen su aparición son temperaturas elevadas, estrés hídrico y déficit de calcio en la tierra.

Espinacas
Sipinacia oleracea

La espinaca es perfecta para crear todo tipo de ensaladas. Sus hojas crujientes y sabrosas combinan bien con otras lechugas. Esta planta tiene una muy buena relación entre calcio y fósforo, por lo que es muy recomendable su consumo para aquellos que tengan problemas de huesos, aunque hay que tener en cuenta que pierde esta cualidad si la combinamos con queso (deja de aportarnos hierro y calcio).

Siembra: De febrero hasta mayo y de finales de agosto hasta octubre.

Recolección: Empieza a los 40 días de la siembra, cosechando las hojas más grandes y dejando las hojas centrales para que sigan creciendo. De esta forma haremos entre 2 y 5 cortes antes de recolectar la planta entera.

Requerimientos: Se siembra directamente en la tierra poniendo 3 semillas a una profundidad de 1 o 2 cm y apretando un poco la tierra. Dejaremos una distancia entre plantas de 20 a 25 cm. Germinan a las 3 semanas de la siembra. Para tener un suministro constante se debe sembrar una nueva tanda de plantas cada 20 días, igual que las lechugas.

Tierra: Prefiere las tierras arcillosas que conserven bien la humedad. Estas deben ser ricas en humus y nutrientes. Con un pH inferior a 6,5 se desarrollan mal y con un pH elevado son muy susceptibles a la clorosis.

Sol: Se adapta bien al sol, aunque también crece en media sombra.

Temperatura: A la espinaca le gusta el frío y la humedad. Aunque soporta temperaturas por debajo de -5 °C, para crecer bien necesita estar en un rango entre 5 y 14 °C.

Riego: Los riegos deben ser muy frecuentes y poco abundantes, para mantener la humedad del suelo pero sin excesos. Si pasa sed se espigará.

Abono: La espinaca es muy exigente en nutrientes. Conviene hacer un buen abonado antes de la siembra, con estiércol o humus de lombriz.

Variedades: Existen bastantes variedades de espinaca, de hojas pequeñas o grandes, lisas o rizadas, de color verde claro o verde oscuro. También se suelen clasificar según su adaptación al clima: espinacas de otoño-invierno o de primavera-verano y variedades precoces o más tardías.

Cuidados: Si se siembran semillas en exceso habrá que aclarar las plantas eliminando algunas y dejando unos 20 cm entre plantas. Es necesario arrancar las malas hierbas conforme van naciendo para que no las ahoguen.

Problemas más comunes y cómo resolverlos: A las **babosas** y **caracoles** les gustan las espinacas. Se pueden controlar poniendo ceniza alrededor de las plantas o recogiéndolos a mano. Para evitar el **pulgón** las plantas no deben estar demasiado nitrogenadas. El **mildiu** es la enfermedad que con mayor frecuencia ataca a las espinacas y, como esta planta apenas tolera el cobre, no podemos usar fungicidas basados en este elemento, que son los más utilizados contra el mildiu. La forma de luchar contra este hongo es controlar la humedad excesiva.

Lechuga
Lactuca sativa

*La lechuga es la hortaliza base de la mayoría de las ensaladas verdes y, combinándola con distintos ingredientes, obtenemos una gran cantidad de sabores. Tiene **propiedades sedantes** que combaten el insomnio y otros trastornos del sueño, por lo que es recomendable su consumo en la cena. Las hojas verdes son las más nutrtivas, contienen una gran cantidad de enzimas y vitaminas.*

Siembra: Existen variedades adecuadas para sembrar a lo largo de todo el año.

Recolección: A partir de los 50 días desde la siembra. La lechuga, una vez ha terminado su desarrollo, empieza la floración en 8-12 días y las hojas se vuelven muy amargas, por lo que hay que cosecharlas en un periodo corto de tiempo.

Requerimientos: Se siembran a poca profundidad, 1 o 2 cm como máximo. Pasados unos días desde la germinación hay que entresacar algunas plantas de forma que, entre lechuga y lechuga, haya una distancia de unos 22 a 30 cm.

Tierra: Requieren un suelo rico en humus y materia orgánica bien descompuesta, que retenga la humedad y a la vez tenga suficiente drenaje. El pH adecuado es entre 6,5 y 7,5.

Sol: En invierno las plantamos a pleno sol, en verano es mejor situarlas en sombra parcial para evitar la deshidratación.

Temperatura: Les gusta el clima templado y con temperaturas suaves, aunque encontramos variedades adaptadas a todos los climas. Las temperaturas altas hacen que se espiguen con facilidad y que necesiten una mayor cantidad de agua. En época de lluvias, si permanecen mojadas durante días, se puede producir podredumbre en las hojas centrales.

Riego: Conviene regarlas por la mañana para que las hojas estén secas al llegar la noche. Los riegos frecuentes reducen el sabor amargo de las lechugas y evitan que se produzcan parones en el crecimiento. En días soleados y cálidos necesitan riegos diarios, mientras que en invierno no será necesario regar tan a menudo. Es fundamental que la tierra nunca se seque del todo.

Abonos: La lechuga es una planta verde que requiere un fertilizante rico en nitrógeno. Con una tierra bien abonada antes de la siembra no será necesario añadir más durante el desarrollo de las plantas.

Variedades: Hoy en día tenemos a nuestro alcance muchos tipos de lechugas. Elegiremos cuál sembrar en función del clima y nuestras preferencias gastronómicas.

- **Lechugas de repollo o flamencas:** Son de cogollo redondeado y cerrado, por lo que no es necesario atarlas para su blanqueo.
- La **lechuga maravilla** es de hoja rizada y crujiente, soporta bastante bien tanto las altas como las bajas temperaturas.
- La lechuga **trocadero** es de hoja blanda y aguanta bien el frío.
- Los **cogollos de Tudela** son de hoja rizada y crujiente, tienen la ventaja de ser de crecimiento muy rápido y se pueden sembrar a menor distancia entre ellos que el resto de las lechugas.
- Lechugas **largas o romanas:** Soportan mal el calor y se espigan con facilidad. Estas lechugas hay que atarlas para mantenerlas cerradas. Esta clase de lechugas es, por lo general, de hojas más crujientes y sabrosas que las arrepolladas.

Cuidados: Las lechugas son unas plantas muy agradecidas. Con pocos cuidados obtenemos ejemplares muy sabrosos. A lo largo de su desarrollo arrancaremos las malas hierbas que aparezcan en el huerto, ya que pueden ahogar a nuestras plantas. Las variedades largas o romanas necesitan ser atadas para su **blanqueo** cuando están llegando al final de su desarrollo (unos 15 días antes de la cosecha). Se atan las hojas con una cuerda o goma elástica que las mantenga cerradas para evitar que la luz solar llegue al corazón. Esta operación sirve para blanquear las hojas interiores y suavizar el sabor de la lechuga.

Problemas más comunes y cómo resolverlos: Los principales enemigos de las lechugas son los **caracoles** y las **babosas**. Podemos recogerlos a mano o impedir su paso colocando una barrera de ceniza alrededor de las lechugas. Hay que repetir la operación después de cada lluvia. El abonado excesivo suele provocar que las lechugas se infesten de **pulgón**.

El gran peligro para esta planta es el exceso de **humedad**, que puede provocar ataques de hongos, podredumbres o infecciones por virus de mosaico. Se pueden evitar plantando en una tierra que drene bien y regando siempre por la mañana y sin excederse.

Rúcula
Eruca sativa

La rúcula se empezó a poner de moda a partir de los años noventa. Hasta entonces, prácticamente se la consideraba una mala hierba. Hoy en día es una hortaliza muy apreciada por su delicado sabor, con un toque final a nuez. Su uso está muy extendido y se usa sola o mezclada con otras lechugas.

En casa tomamos una ensalada de rúcula cuyos ingredientes son, además de la rúcula, unos tomates cherry y algún queso tipo *burrata* o mozzarela fresca, aliñado con aceite de oliva, vinagre de Módena y sal.

Siembra: De marzo a octubre, aunque durante los meses de julio y agosto florece rápidamente debido al exceso de calor. En zonas templadas se puede sembrar todo el año.

Recolección: La cosecha es continua a partir de las 6 semanas desde la siembra. Se cortan las hojas externas en función de nuestras necesidades, aunque en verano es mejor recolectar la planta entera para evitar la floración, pues cambia bastante el sabor de las hojas si la planta ya ha empezado a florecer. Una vez comienza la floración, se pueden cosechar las flores, ya que también son comestibles.

Requerimientos: Las semillas se siembran a una profundidad entre 0,5 y 1 cm. La distancia entre plantas debe ser de 10-15 cm, y entre hileras unos 30 cm.

Tierra: Crece en todo tipo de terrenos, aunque prefiere los suelos calcáreos, permeables, que drenen bien y con materia orgánica. El pH adecuado oscila entre 5,5 y 7.

Sol: A pleno sol en invierno y en semisombra durante el verano.

Temperatura: Con climas templados se desarrolla estupendamente. Puede resistir temperaturas de hasta -10 ºC, pero cuando hace tanto frío detiene el crecimiento.

Riego: Requiere riegos regulares.

Abono: Una buena preparación de la tierra, añadiendo bastante estiércol maduro al terreno, será suficiente para todo el ciclo de cultivo de esta planta de crecimiento rápido.

Variedades: No existen variedades de rúcula, pero sí podemos distinguir entre rúcula cultivada y rúcula silvestre.

Cuidados: Debemos eliminar las malas hierbas.

Problemas más comunes y cómo resolverlos: Es una planta muy rústica que no suele presentar problemas. Puede verse atacada por **pulgón** si está demasiado nitrogenada, al cual podemos combatir con insecticidas vegetales a base de neem o piretrinas. También puede presentar enfermedades **fúngicas** como roya u oídio debido a un exceso de humedad, o bien por cultivarlas dejando muy poca distancia entre plantas. El oídio se combate bastante bien fumigando la planta con leche entera de vaca rebajada con agua.

Brotes y germinados

Los brotes o germinados son un alimento vivo, por ello tienen un mayor valor nutritivo que las semillas, ya que nos aportan lo mejor de los granos y de los vegetales. Se pueden cultivar en casa de forma fácil y económica. Además, los brotes son de muy fácil digestión.

Los más habituales son: alfalfa, trigo, avena, lentejas, garbanzos, soja verde (judía mungo), rabanito, berros, coles, maíz, mostaza, cebolla, fenogreco, semillas de girasol y calabaza, arroz integral... Podemos hacer brotes de cualquier semilla que no haya sido tratada con fungicidas, excepto de solanáceas (patata, berenjena, tomate, pimiento...), puesto que resultan tóxicas.

Para germinar en casa podemos utilizar dos métodos: en bote de cristal o en germinadora.

Germinados en bote de cristal

Necesitamos un bote de cristal grande y de boca ancha, de un litro aproximadamente, una tela fina (gasa) o mosquitera, una goma elástica y agua.

1. Lavamos bien el tarro de cristal.
2. Ponemos 3 cucharadas soperas de semillas en un colador y las lavamos bajo el grifo.
3. Metemos las semillas en el bote de cristal, las cubrimos con 3 veces su volumen de agua. (El agua mejor sin cloro; para eliminarlo sólo hay que llenar un recipiente con agua y dejarlo 24 horas destapado hasta que el cloro se evapore).
4. Tapamos el bote con la tela y utilizamos la goma elástica para sujetarla a la boca del tarro. Dejamos las semillas en remojo un tiempo. Las semillas pequeñas entre 4 y 8 horas, las grandes entre 10 y 14 horas.
5. Una vez que las semillas se han hidratado, escurrimos el agua (lo que resulta muy fácil, pues la tela permitirá que pase el agua pero no las semillas). Colocamos el bote tumbado (esparciendo los granos a lo largo del frasco) en un lugar cálido (con temperatura constante entre 18 y 22 °C) y muy poco luminoso, encima de la nevera por ejemplo.
6. Dos o tres veces al día (lo más cómodo es hacerlo mientras preparamos las comidas) enjuagamos las semillas y las escurrimos bien. Los granos deben mantenerse húmedos, pero nunca encharcados. Hay que repetir el proceso cada día. Entre dos y seis días después, dependiendo del tipo de semilla que utilicemos, empiezan a verse los brotes.

7. Cuando los brotes alcanzan unos 3 cm de altura hay que exponerlos durante unas 2 horas a luz solar indirecta para que empiecen a sintetizar clorofila, ya que así aumenta la cantidad de vitamina C que contienen, y están listos para comer.

Cultivo en germinadora

La mayoría de las germinadoras tienen un depósito de agua, una bandeja para colocar las semillas y una cubierta que actúa como un invernadero y mantiene una elevada humedad en torno a las semillas. Cada modelo tiene unas características distintas. Los más automatizados se ocupan de lavar las semillas a diario y no requieren prácticamente ningún mantenimiento, mientras que con los modelos más simples debemos remojar las semillas, extenderlas en la bandeja y regarlas cada día.

8
Hortalizas de fruto

Berenjena
Solanum melongena

La piel de la berenjena es un ingrediente fantástico para añadir a nuestras ensaladas, puesto que nos ayuda a bajar el colesterol. Tiene un sabor ligeramente parecido a la manzana, siempre que la berenjena esté fresca y turgente. Eso sí: las semillas de berenjena son bastante amargas y debemos evitarlas.

Pelamos la berenjena, cogiendo un poco de carne pero sin llegar a las semillas, y usamos la piel cortada en finas tiras como un ingrediente más de la ensalada.

Siembra: De enero a marzo en semillero protegido (en un lugar cálido).

Recolección: Entre 110 y 150 días a partir de la siembra. Una vez que la planta empieza a dar frutos, recogeremos berenjenas cada 4-8 días hasta que llegue el frío. Cosechar la berenjena en su momento óptimo es importante para que no tenga semillas o, si las tiene, que sean muy pequeñas. El tamaño de la berenjena no nos indica si ya está a punto para ser cosechada. Debemos fijarnos en el color: está en su punto cuando la berenjena tiene un color intenso y brillante. En el extremo opuesto al tallo suele tener una mancha verde circular que va encogiendo conforme la berenjena madura. Cuando prácticamente ha desaparecido ha llegado el momento de cosecharla.

Requerimientos: Las semillas de berenjena germinan con temperaturas entre 18 y 25 ºC y tardan unos 10-12 días en nacer. Colocamos el semillero, los vasitos o las macetas en un lugar cálido y soleado, ponemos 3 o 4 semillas por maceta a una profundidad de ½ cm. A los 25-30 días eliminamos las plantas más débiles y nos quedamos solo con una por recipiente. Para poderlas sacar al exterior, las temperaturas nocturnas deben mantenerse por encima de los 15 ºC y las plantas haber alcanzado una altura de unos 12 cm.

Tierra: A las berenjenas les gustan los terrenos fértiles, ricos en humus y con buen drenaje. El pH adecuado oscila entre 6 y 7.

Sol: A pleno sol.

Temperatura: La berenjena es la hortaliza que más sol y calor requiere. Le gustan los ambientes secos y puede llegar a tolerar temperaturas de 45 °C. Crece y florece bien entre 22 y 30 °C.

Riego: El riego debe ser abundante y frecuente pero sin encharcamientos.

Abono: Esta planta es muy exigente en nutrientes. Para tener una cosecha abundante le debemos aportar mucho fósforo. Hacemos una buena preparación del terreno con mucho estiércol y abonamos sucesivas veces a lo largo del ciclo de crecimiento.

Variedades: Las variedades de berenjena se clasifican en función de la forma y el color del fruto.

- **Berenjena alargada:** El color de la piel puede ser negro o violeta oscuro. El fruto es largo y estrecho, y la carne es blanquecina o verdosa.
- **Berenjenas globosas:** La piel es negra o violeta oscuro, el fruto es casi esférico y la carne es de color amarillo verdosa.
- **Berenjena rayada:** La piel es blanca con franjas de color lila claro. El fruto tiene forma ovoide y la carne es blanca. Esta variedad es menos productiva y más delicada, pero culinariamente es una de las más apreciadas.
- **Berenjenas blancas:** La piel es de color blanco y el fruto ovoide. Parecen huevos colgados de la planta. De esta variedad surgió el nombre inglés de esta hortaliza, *eggplant*, «planta huevo».

Cuidados: La berenjena es muy exigente en abono, por eso es importante eliminar las malas hierbas para que no tenga competencia. Otra tarea necesaria es el aporcado de los tallos añadiendo tierra alrededor del tallo para reforzarlo. Se puede utilizar también compost o estiércol, con lo que, además de lograr que la planta quede mejor fijada a la tierra, hacemos un aporte de abono que es muy necesario. A veces las ramas se inclinan hacia el suelo por el peso de las berenjenas y es necesario poner un tutor al que atar las ramas para evitar que los frutos toquen el suelo y se pudran. Retira las hojas secas, enfermas o atacadas por plagas para evitar que se extienda el problema.

Problemas más comunes y cómo resolverlos: La berenjena es delicada y hay insectos que tienen predilección por ella, como el **escarabajo** de la patata, **pulgones, caracoles y babosas, araña roja, mosca blanca** y algunos tipos de **orugas**. Por tanto es fundamental controlar el envés de las hojas, que es donde suelen estar los huevos de casi todos los parásitos. Cada vez que veamos huevos los podemos chafar con los dedos, aunque muchos son tan pequeños que no seremos capaces. Si descubrimos que tenemos una plaga, podemos fumigar con *Bacillus thuringiensis* si se trata de orugas o del escarabajo de la patata (es de color amarillo con franjas negras y los huevos son de color naranja). Para combatir el resto de parásitos nos puede ir bien el aceite de neem o las piretrinas, dos insecticidas naturales muy poco tóxicos.

La berenjena sufre con el exceso de humedad. La tierra encharcada favorece la aparición de **enfermedades fúngicas** como oídio, mildiu o botritis. Se pueden prevenir pulverizando las plantas periódicamente con sulfato de cobre.

Calabacín
Cucurbita pepo

El calabacín cosechado pequeño, con un tamaño de unos 8 o 10 cm y cortado en finas rodajas se puede añadir crudo a todo tipo de ensaladas. Tiene una textura agradable, aunque es un poco insípido y bastante poco nutritivo.

Siembra: Desde finales de marzo hasta julio.

Recolección: A partir de los 45 días de la siembra. Es una planta muy productiva que da frutos nuevos cada 2 o 3 días. No conviene dejar que el calabacín se haga muy grande, pues empeora mucho su calidad.

Requerimientos: Podemos sembrar las semillas de calabacín directamente en la tierra, poniendo 2 o 3 por hoyo, a una profundidad de unos 3 cm. A los pocos días de nacer, eliminamos las plantas débiles y dejamos la más vigorosa.

Tierra: Se adapta bien a casi todos los terrenos, siempre que sean mullidos y drenen bien. El pH óptimo oscila entre 5,6 y 6,8. Es una planta que ocupa mucho espacio y conviene situarla en un margen del huerto.

Sol: A pleno sol.

Temperatura: Puede soportar temperaturas bastante elevadas. Hasta 35 °C se desarrolla sin problemas, pero no le gusta el frío. Por debajo de 10 °C deja de crecer y producir frutos.

Riego: Es una planta que requiere bastante agua debido a su gran masa foliar. Le convienen riegos regulares y abundantes, pero evitando encharcar la tierra y mojar las hojas.

Abono: El calabacín requiere sobre todo nitrógeno y potasio. Debemos realizar una buena preparación de la tierra, añadiendo estiércol maduro antes de la siembra.

Variedades: Existen diferentes variedades de calabacín que se distinguen por la forma y el color de sus frutos. Hay calabacines alargados y redondos, muy oscuros o de color verde claro. Para consumir en crudo los mejores son los alargados, y siempre debemos cosecharlos muy pequeños, cuando tienen unos 10 cm de largo. Si se hacen más grandes es mejor cocinarlos.

Cuidados: En los primeros estadios de la planta eliminaremos las malas hierbas. Si vemos algún fruto con un poco de podredumbre o con alguna malformación lo quitamos de la mata para evitar contagios.

Problemas más comunes y cómo resolverlos: El calabacín es una planta bastante resistente que presenta pocos problemas. Con la humedad ambiental alta y mucho calor se puede desarrollar el **oídio**, que combatiremos espolvoreando sobre la planta azufre en polvo cada 15 días. Si vemos hojas amarillentas y arrugadas es indicio de que la planta está siendo atacada por algún **virus**. En tal caso, debemos cortar estas hojas y sacarlas inmediatamente del huerto para evitar que se extienda.

Fresa
Fragaria

Añadir fresas a nuestras ensaladas caseras es una buena forma de aportar variedad y no aburrirnos de comer verde. Las fresas combinan bien con distintas lechugas y quesos. También podemos agregar algún fruto seco, como pasas o arándanos.

Siembra: Lo más común es plantar las fresas de plantel en primavera y verano, o estolones entre agosto y octubre, pues si sembramos semillas tardaremos más de un año en obtener los primeros frutos.

Recolección: A lo largo de la primavera. Según la variedad se puede alargar hasta el mes de julio o incluso puede llegar a haber una pequeña fructificación en otoño.

Requerimientos: En general no se suele empezar con semillas, por lo largo que resulta el proceso. Es más sencillo comprar una planta de fresas en primavera y trasplantarla al huerto. A partir de agosto, de la planta brotarán unos tallos horizontales, llamados estolones. Son uno de los sistemas que tiene la fresa para propagarse en la naturaleza. Cada estolón, cuando toca el suelo, enraíza y da lugar a una nueva planta. Para aumentar el número de plantas de fresas del huerto sólo hay que colocar una maceta llena de tierra al lado de la fresera y poner el estolón, sin cortar, sobre la maceta. Con un alambre en forma de U invertida se fija el estolón en la maceta, de modo que esté en contacto permanente con la tierra. Se riega y se mantiene la tierra húmeda hasta que, pasadas 2 o 3 semanas, el estolón haya echado raíces en la maceta. También podemos realizar este proceso directamente en el suelo, fijando el estolón en el lugar donde queramos que enraíce y manteniendo la tierra siempre húmeda. Una vez que el estolón ha enraizado, puede cortarse el tallo que lo unía a la planta madre, porque la planta ya ha desarrollado su propio sistema de raíces que le permite vivir independientemente. Cada planta de fresas produce varios estolones al año, por lo que es muy fácil aumentar el número de plantas. Las plantas duran varios años, pero con el tiempo agotan los nutrientes del suelo y conviene empezar a sembrar nuevas plantas en otro rincón del huerto. El enraizamiento de estolones se puede hacer desde agosto hasta octubre.

Tierra: Los fresales necesitan una tierra ácida. Si la tierra es calcárea sufren de clorosis (amarilleamiento de las hojas). El terreno debe ser rico en humus y tener buen drenaje. El pH óptimo para su desarrollo es entre 6 y 6,5.

Sol: Les gusta estar al sol, pero admiten bien un par o tres de horas de sombra al día.

Temperatura: Se adaptan bien a cualquier clima. En lugares muy fríos, una helada en primavera puede dañar las flores o los frutos y perderemos una parte de la cosecha, aunque la planta puede resistir temperaturas de -20 ºC. También tolera temperaturas muy altas de hasta 45 ºC, pero no produce fruto. Esta planta fructifica bien en un rango entre 15 y 20 ºC.

Riego: Durante el ciclo vegetativo necesitan poca agua, pero en el periodo de floración requiere riegos constantes. En invierno están prácticamente paradas y con el agua de lluvia será suficiente casi siempre. En primavera y verano necesitarán riego cada día o cada dos días, en función del calor que haga.

Abono: Son plantas muy exigentes en nutrientes, excepto en invierno, cuando la planta está bastante parada y necesita una cantidad menor de abono.

Variedades: Hay más de mil variedades de fresas en el mundo y cada año se crean nuevos híbridos. La mayoría son de crecimiento horizontal, aunque también hay algunas variedades trepadoras que son muy decorativas para plantar en jardines y terrazas.

Cuidados: Basta con eliminar las malas hierbas y las hojas secas que veamos. Si los frutos tocan la tierra se pudren con extrema facilidad, pero lo podemos evitar colocando un acolchado de paja, corteza de pino o cartón sobre la tierra. La distancia óptima entre planta y planta es de unos 30 cm.

Problemas más comunes y cómo resolverlos: En tierras de pH elevado las hojas pueden amarillear o adoptar un tono tornasolado, signo de **clorosis** (falta de hierro). Para corregir la clorosis hay que aportar un fertilizante que contenga quelato de hierro, que es un tipo de mineral que no se ve tan afectado por el pH y que las plantas pueden absorber con facilidad. Los posos de café tienen un pH ácido y pueden ayudar a corregir la clorosis de un fresal que crezca en una maceta, aunque difícilmente tendrán efecto sobre todo un huerto, salvo que se añadan por carretillas. Si les falta fósforo o potasio los frutos serán deformes o no llegarán a florecer.

Pueden tener algo de **pulgón** por exceso de nitrógeno. Para mantenerlos a raya, además de reducir el aporte de nitrógeno, debemos fumigar con insecticidas vegetales a base de neem o pelitre.

En épocas de mucha humedad pueden desarrollar **mildiu** o podredumbres. Lo combatimos eliminando las hojas afectadas y luego fumigando con sulfato de cobre. Si aparece alguna enfermedad vírica hay que eliminar cuanto antes la planta infectada para impedir que contagie al resto.

Por último, atención con los **caracoles** y **babosas** porque son grandes comedores de fresas. Un truco que consigue impedir que entren en la plantación de fresas en trazar una barrera de ceniza de madera rodeando el fresal. Los caracoles y las babosas no atraviesan la ceniza y se mantendrán alejados de las fresas. Hay que renovar la ceniza después de cada lluvia.

Guisantes
Pisum sativum

Guisantes, alverjas, chícharos o tirabeques. Por todos estos nombres conocemos a esta leguminosa dulce y delicada que resulta deliciosa cuando se cosecha en su momento idóneo. Los guisantes, para que estén bien dulces y ricos, se deben consumir recién cosechados y sacar de la vaina justo antes de comerlos.

Se pueden agregar unos pocos a las ensaladas y, si estáis con ganas de pelar guisantes, os proponemos una receta basada en esta legumbre. En casa hacemos una ensalada con guisantes, zanahoria, cebolla cortada muy menuda, tomate y jamón troceado pequeño, aliñada con aceite de oliva, vinagre y sal.

Siembra: De octubre a noviembre y de febrero a abril.

Recolección: A partir de los dos meses y medio de la siembra. Los guisantes se tienen que cosechar en el momento justo. Si lo hacemos antes de tiempo el grano es muy pequeño y no cunde nada, y si los cosechamos demasiado tarde serán amargos y harinosos. Las vainas tienen que estar formadas y gorditas, pero sin grandes abultamientos. Conviene coger una vaina, abrirla y probar el guisante. Debe ser jugoso y muy tierno. Una vez empieza la cosecha hay que recolectar guisantes cada 3 o 4 días.

Requerimientos: Sembramos 3 o 4 semillas a una profundidad de 3 cm. La distancia entre plantas es de 30 cm para las variedades enanas y de 40 para las variedades de enrame.

Tierra: Le gustan los terrenos frescos, ligeros y que drencn bien, aunque se adapta a la mayoría de los suelos. El pH adecuado oscila entre 6 y 6,5.

Sol: Crece bien tanto al sol como a la sombra.

Temperatura: Esta leguminosa no soporta el calor excesivo ni el tiempo muy seco. El guisante detiene su crecimiento con temperaturas inferiores a los 7 ºC. Su desarrollo óptimo se produce entre 16 y 20 ºC.

Riego: Es una planta que se cultiva entre el invierno y la primavera, por lo que no necesitará muchos riegos; estos deben ser regulares para evitar la caída de las flores.

Abono: Como el resto de leguminosas, los guisantes son poco exigentes en abono, ya que son capaces de capturar y utilizar el nitrógeno atmosférico.

Variedades: Existen multitud de variedades de guisantes con diversas características. La mayoría son para desgranar y consumir sólo las semillas. Las variedades más conocidas para consumo con vaina son los tirabeques y los cometodo.

Una forma sencilla de clasificar los guisantes es en función del tamaño que alcanza la planta.

- **De mata baja o enanos:** No sobrepasan los 40 cm de altura y no requieren entutorado.
- **Guisante semitrepador:** Mide entre 80 cm y 1 metro de altura y necesita tutor.
- **Guisantes de trepadores o de enrame:** Alcanzan una altura de entre 1,5 y 2 metros. Necesitan tutores para poder trepar.

Cuidados: Como siempre, hay que eliminar las malas hierbas. Los guisantes de mata baja no necesitan tutor, pero aún así les viene bien que lo pongamos, ya que nos facilitará la cosecha, evitando que las vainas toquen el suelo. Los guisantes de enrame o trepadores requieren tutor. Aunque las matas suelen agarrarse solas al tutor por medio de sus zarcillos, en ocasiones necesitan un poco de ayuda y hay que atarlas para que consigan trepar.

Problemas más comunes y cómo resolverlos: Es una planta bastante rústica que no da apenas problemas. Si aparece **pulgón** lo combatiremos aplicando un insecticida vegetal a base de neem o piretrinas. En épocas calurosas puede aparecer el **gusano del guisante,** que se combate aplicando *Bacillus thuringiensis.* Si es un año muy húmedo y lluvioso, usaremos sulfato de cobre como tratamiento preventivo contra los **hongos.**

Maíz
Zea mays

Salir al huerto y coger una mazorca inmadura de maíz dulce, pelarla y comernos el jugo de sus granos tiernos es uno de los mejores desayunos que conocemos. Es una leche dulce y refrescante llena de vida. Es un placer reservado únicamente a los horticultores, puesto que la mazorca aún no ha acabado de madurar. La clave está en cogerla cuando los granos están ya formados pero antes de que el dulce líquido que contienen se solidifique. Estas mazorcas inmaduras sólo sirven para consumir en crudo. Si queremos cocinarlas es mejor esperar a que maduren algo más.

Siembra: Desde el mes de abril hasta junio.

Recolección: A partir de los 70-80 días desde la siembra. El maíz dulce se recoge cuando se empiezan a marchitar los pelos que asoman por el extremo superior de la mazorca. Se puede comprobar el grado de madurez abriendo las hojas que envuelven la mazorca hasta llegar a ver los granos. Si son pequeños y de color amarillo pálido, aún les faltan unos días. El momento óptimo llega cuando el grano es amarillo y todavía está muy tierno. Si el grano está algo duro, el maíz resultará más pastoso, más duro y menos dulce.

Requerimientos: Colocamos dos semillas por agujero a una profundidad de 2-3 cm. La distancia entre líneas debe ser de 60 cm y de 20 cm entre plantas. Cuando las plantitas alcancen los 10 cm de altura, eliminamos las más débiles y dejamos la más vigorosa.

Tierra: Esta planta se adapta bien a todos los terrenos. Le gustan las tierras fértiles, aireadas y con un buen drenaje. El pH adecuado oscila entre 6 y 7.

Sol: A pleno sol.

Temperatura: Requiere temperaturas de entre 20 y 30 ºC. A esta planta le gusta el sol y el calor.

Riego: El maíz necesita bastante agua. En sus dos o tres primeras semanas de vida bastará con dos riegos semanales. Aumentaremos a tres riegos semanales las siguientes dos semanas, pasando a cuatro riegos semanales hasta el momento de la cosecha.

Abono: Es una planta bastante exigente en nutrientes. Si le falta boro (un microelemento) las mazorcas resultarán muy pobres en grano. Hay que hacer una buena preparación del terreno añadiendo estiércol o humus de lombriz y volver a abonar durante el desarrollo de la planta.

Variedades: Existen cerca de trescientas variedades de maíz, que se dividen en seis tipos básicos: **duro, blando, dentado, envainado, dulce y reventón.** Este último es el que se utiliza para hacer palomitas de maíz. Los cuatro primeros se cultivan para el ganado y otros usos industriales. El maíz dulce es el que se cultiva en los huertos junto con el reventón.

Cuidados: Es necesario eliminar las malas hierbas. Aunque la polinización se realiza a través del viento, nosotros podemos ayudar agitando las plantas, cuando las flores femeninas son de color crema. De esta forma nos aseguramos el máximo número de mazorcas por planta.

Problemas más comunes y cómo resolverlos: El maíz no suele dar muchos problemas. En raras ocasiones puede sufrir el ataque de pulgón y también el de algunos gusanos. El **pulgón** lo evitamos no teniendo las plantas demasiado nitrogenadas. Los **gusanos y orugas** los combatimos fumigando con *Bacillus thuringiensis.* El **carbón del maíz o tizón común** (*Ustilago maydis*) ataca a la mazorca destruyendo los granos y formando en su lugar unas protuberancias grises que acaban estallando y soltando grandes cantidades de esporas en forma de polvo negro. Aunque este hongo se considera una plaga en casi todo el mundo, en México, donde recibe el nombre de *huitlacoche*, lo consumen como una exquisitez. Hay que cosecharlo antes de que maduren las esporas, mientras el cuerpo del hongo es firme y compacto. Se utiliza en numerosas recetas de salsas, guisos, cremas... Su sabor es similar a otras setas muy apreciadas como las colmenillas (*Morchella* spp.).

Melón
Cucumis melo

Una ensalada de melón es perfecta para un caluroso día de verano. Troceamos medio melón y le añadimos el zumo de media lima. Luego lo guardamos tapado en la nevera hasta el momento de servirlo, cuando espolvorearemos dos cucharadas de menta fresca bien picada y un poco de sal y pimienta, colocando esta mezcla sobre un lecho de lechuga cortada en juliana.

Siembra: De abril a mayo en semillero protegido.

Recolección: A partir de los 3 meses desde la siembra. No es sencillo saber si el melón ya está maduro para ser cosechado. Una forma con la que casi siempre se acierta es fijarse en el pedúnculo que une al melón con la planta. Si este pedúnculo está seco, el melón suele estar maduro.

Requerimientos: La siembra directa se hace en el mes de mayo. Podemos adelantar la siembra al mes de abril si protegemos la planta del frío cubriéndola con un plástico transparente. Colocamos 3 semillas por hoyo a una profundidad de 2 cm. Tras la germinación, dejamos una sola planta, la que nos parezca más vigorosa y fuerte.

Tierra: El melón requiere una tierra suelta, bien abonada y que drene muy bien. El pH adecuado es entre 6 y 7.

Sol: A pleno sol.

Temperatura: Para germinar necesita temperaturas entre 18 y 20 ºC como mínimo. Durante el ciclo vegetativo y la floración, las temperaturas deben oscilar entre 20 y 30 ºC. Para una buena maduración del fruto, la temperatura mínima es de 25 ºC. Necesita los días largos del verano para fructificar, pues con días cortos (pocas horas de luz al día) no se desarrollan ni cuajan los frutos.

Riego: Los melones más dulces son los de secano. Durante el ciclo vegetativo regamos cada 3 o 4 días, pero cuando el fruto está formado reducimos el aporte de agua en la medida de lo posible, en función del calor y evitando que la planta se ponga mustia.

Abono: Es una planta bastante exigente en nutrientes. Realizamos una buena preparación del terreno aportando estiércol maduro y abonamos varias veces durante el ciclo vegetativo y de fructificación de la planta.

Variedades: Existen diferentes tipos de melón:

- **Melón amarillo:** Su piel es lisa y amarilla, su forma ovalada. Su ciclo de cultivo oscila entre los 90 y los 115 días.
- **Melón verde español,** hay tres tipos:
  - *Piel de sapo,* de piel fina y color verde con manchas oscuras. Tiene forma ovalada y su pulpa es muy dulce pero poco aromática. El ciclo de cultivo dura unos 100 días.
  - *Roche,* es el melón más dulce de todos. Con piel de color verde, lisa y un poco acostillada, su forma es ovalada. El ciclo dura unos 100 días.
  - *Tendral.* Es un melón bastante grande de forma ovalada, con piel gruesa, rugosa y de color verde oscuro. El ciclo de cultivo es de unos 120 días.
- **Melón cantalupo o cantaloupe:** Son muy precoces, se cosechan entre 85 y 95 días tras el trasplante. La piel es amarilla, la pulpa anaranjada y la forma esférica.
- **Melón Galia:** El fruto es esférico y de color verde, pero en la madurez se torna amarillo intenso. La pulpa es ligeramente verdosa. El ciclo de cultivo dura entre 80 y 100 días.

Cuidados: Hay que eliminar las malas hierbas, en especial mientras las plantas son jóvenes. Otra tarea importante es poner un acolchado con paja o cartón debajo del fruto, para evitar que repose sobre la tierra húmeda y se pudra. También podemos podar los brotes laterales que salen del tallo principal para aumentar un poquito la producción y adelantar algo la cosecha. La poda se hace del siguiente modo: se poda el brote central cuando el tallo tiene 4 o 5 hojas, por encima de la segunda o tercera hoja (sin contar los cotiledones, que son las dos primeras hojas y son diferentes al resto). Volvemos a podar las ramas laterales cuando tienen 4 o 5 hojas, cortando por encima de la tercera. La última poda se realiza cuando las ramas tienen los frutos de un tamaño de unos 3 cm de diámetro y se dejan 3 hojas por encima del fruto. Esta última poda sirve para que toda la energía de la planta esté enfocada en el desarrollo de los frutos.

Problemas más comunes y cómo resolverlos: Los parásitos que atacan al melón son **pulgón, mosca blanca y araña roja**; para combatirlos usamos algún insecticida vegetal a base de neem o piretrinas. Esta planta es muy sensible al exceso de humedad y surgen con facilidad **enfermedades fúngicas** como oídio o fusarium. Para prevenir los hongos hay que controlar la humedad de la tierra no regando en exceso y fumigar con sulfato de cobre.

Pepino
Cucumis sativus

El pepino es, con toda probabilidad, la hortaliza más refrescante. En Turquía descubrimos una gran forma de consumirlos. Allí los venden por la calle, los pelan en el momento y los cortan en cuatro largas tiras que espolvorean con sal. Son un fantástico remedio para combatir la sed y el calor.

Siembra: De marzo a abril en semillero protegido; mayo y junio en exterior.

Recolección: A partir de los 2 meses desde la siembra. El fruto del pepino se cosecha un poco inmaduro. El momento adecuado es cuando está de color verde oscuro y es delgado. Los pepinos grandes y maduros son de peor calidad. Hay que cosecharlos con guantes, pues casi todas las variedades tienen unos pinchitos blancos muy pequeños recubriendo la piel, aunque al frotarlos con las manos enguantadas caen con mucha facilidad.

Requerimientos: Las semillas se siembran a una profundidad de 1 o 2 cm, 2 o 3 en cada hoyo. Cuando nacen se aclaran las más débiles, dejando la planta más sana y vigorosa. Para sembrar directamente en el exterior hemos de estar seguros de que ya no caerán heladas. Debemos esperar a finales de abril o incluso al mes de mayo en las zonas más frías.

Tierra: Al pepino le gusta la tierra suelta, esponjosa, rica en humus y que drene bien. El pH óptimo se encuentra entre 5,5 y 7.

Sol: A pleno sol.

Temperatura: Esta planta requiere unos 27 ºC durante la germinación. Durante el crecimiento y la fructificación tolera bien temperaturas entre 18 y 30 ºC.

Riego: El pepino necesita bastante agua. Los riegos deben ser regulares y moderados. El exceso de agua será una fuente de hongos y problemas. Al regar debemos evitar mojar hojas y frutos.

Abono: Es una planta exigente en nutrientes. Las cenizas de madera son ricas en potasio y, si no abusamos de ellas (pues suben el pH de la tierra), pueden ser un buen complemento del abono.

Variedades: Hay tres clases de pepinos:

- **Pepino tipo francés:** De color verde oscuro; puede tener o no pinchos y mide entre 20 y 25 cm.
- **Pepino tipo español:** Sus frutos son pequeños, miden como máximo 15 cm. De color verde con rayas amarillas. Los pepinillos en vinagre se suelen hacer con frutos inmaduros de esta variedad.
- **Pepino tipo holandés:** Son pepinos largos que superan los 30 cm, de color verde oscuro, piel lisa con pequeños surcos y sin espinas.

Cuidados: Además de arrancar las malas hierbas y eliminar hojas secas, hay que hacerles un enramado para ir atando la planta conforme crece. De esta forma facilitamos la cosecha y evitamos que el fruto se pudra al tocar la tierra húmeda. Si disponemos de poco espacio, podemos hacer algún pinzamiento para incrementar la producción. Este consiste en cortar la yema principal cuando la planta ya tiene 6 u 8 hojas. De esta forma crecen los brotes laterales, que también podemos pinzar cuando tengan algún fruto y por lo menos 6 hojas, y aún podemos repetir esta operación una vez más.

Problemas más comunes y cómo resolverlos: La **araña roja** solo ataca con clima seco y soleado. Regando más a menudo para mantener la tierra húmeda, probablemente evitaremos su aparición. El **pulgón** y la **mosca blanca** se colocan en el envés de las hojas. Realizando controles periódicos los podemos eliminar aplastándolos con los dedos. Si la plaga persiste fumigamos con algún insecticida natural a base de neem o piretrinas. Las pulverizaciones de jabón potásico también resultan efectivas.

Cuando aparecen **enfermedades fúngicas**, el primer paso es eliminar las hojas afectadas. Si el problema persiste, fumigamos o espolvoreamos con azufre a primera hora de la mañana. Con los **virus** procedemos igual, eliminando las zonas afectadas y si una planta está muy enferma lo mejor es arrancarla entera y eliminarla para evitar contagios. Contra los virus no hay ningún remedio ni biológico ni químico, pero se han desarrollado variedades resistentes al virus del mosaico.

Pimiento
Capsicum annuum

El mejor pimiento que podemos sembrar para consumir en crudo es el pimiento amarillo de Gerona, que en otras partes de España se conoce como pimiento blanco. Este fruto es dulce y delicado a nuestro paladar. Además, es una planta resistente y muy productiva. El pimiento crudo tiene mayor cantidad de vitamina C que los cítricos.

Siembra: En febrero y marzo en semillero protegido. A partir de abril se trasplanta al exterior.

Recolección: A partir de los 3 meses de la siembra. Se empieza a cosechar a finales de junio y la producción continúa hasta principios de octubre. Cosechamos a medida que los necesitamos para el consumo.

Requerimientos: Para germinar, los pimientos necesitan una temperatura mínima de 16 ºC. La semilla se coloca a una profundidad de ½ cm y tarda entre 8 y 20 días en germinar, dependiendo de la variedad. Con unos 15 cm de altura y una buena temperatura exterior (en el mes de abril) trasplantamos las plántulas al huerto.

Tierra: El pimiento no soporta los terrenos arcillosos que se encharcan con facilidad. Se adapta bien al resto de sustratos, aunque le gusta la tierra fértil, ligera y que drene bien. Los valores óptimos de pH oscilan entre 6,5 y 7.

Sol: A pleno sol.

Temperatura: Los pimientos necesitan luz y calor. Por debajo de 10 ºC se detiene el crecimiento. Los cambios bruscos de temperatura afectan al desarrollo de las flores y los frutos resultan pequeños o deformes. Para su buen desarrollo, las temperaturas pueden oscilar entre 18 y 28 ºC.

Riego: Los riegos deben ser frecuentes, pues aunque la planta soporta bien la falta de agua y los riegos irregulares, las flores pueden caerse y reducir mucho la producción.

Abono: Debemos preparar bien la tierra con estiércol maduro antes del trasplante y volver a abonar regularmente. Necesita un abono rico en potasio.

Variedades: Las múltiples variedades de pimientos las podemos dividir en dos grandes grupos: pimientos dulces y pimientos picantes.

Tipos de pimiento dulce:

- **Tipo italiano:** Son alargados, estrechos y acabados en punta. El pimiento amarillo de Gerona pertenece a este grupo.
- **Tipo Lamuyo:** Son largos, anchos y su carne es gruesa. Se suelen cosechar rojos.
- **Tipo California:** Son cortos, anchos y de carne gruesa. Los hay de color rojo o amarillo y tanto se cosechan verdes como maduros.
- **Tipo «del piquillo»:** Son pequeños y acabados en punta. Se cosechan maduros. Es una planta muy productiva.

Entre las *variedades picantes* más habituales en España encontramos las guindillas, estrechas y alargadas, y los pimientos de Padrón, más pequeños y gruesos. Las guindillas se recogen verdes y maduras, mientras que los pimientos de Padrón sólo se consumen verdes.

Cuidados: Es necesario eliminar las malas hierbas y aporcar las plantas añadiendo tierra alrededor del tallo para reforzarlo y que no se caiga por el peso de los frutos. Se puede aporcar con estiércol bien maduro o con humus de lombriz y abonar al mismo tiempo. Las ramas de los pimientos son bastante frágiles; hay que ir con cuidado a la hora de cosechar para que no se rompan. Las plantas de pimientos grandes tipo Lamuyo o California necesitan tutores para evitar que los frutos partan las ramas o toquen el suelo y se pudran. Los pimientos dulces se plantan bien lejos de los picantes para evitar la hibridación: si se cruzan todos resultarán picantes.

Problemas más comunes y cómo resolverlos: Las enfermedades **fúngicas** las mantendremos a raya con riegos regulares, evitando los encharcamientos y el exceso de humedad. Los parásitos como el **pulgón** y la **araña roja**, aunque son poco frecuentes, pueden atacar a las matas de pimientos. Estos bichos se colocan en el envés de las hojas y es ahí donde debemos buscarlos. Si hacemos controles de hojas periódicamente podemos detectar los insectos antes de que sean una plaga y eliminarlos con las manos. En caso de plaga podemos fumigar con algún insecticida vegetal. Plantar una albahaca cerca de los pimientos los protegerá de los ataques de pulgón.

Pipas de girasol
Helianthus annuus

Las pipas de girasol son muy nutritivas y muy fáciles de cultivar. Además son muy vistosas y nuestro huerto será hermoso con unos girasoles que le den color. Las pipas se sacan de la cabeza floral y se pueden comer crudas, cocerlas en agua con sal o tostarlas.

Siembra: De marzo a abril.

Recolección: A los 3 o 4 meses de la siembra. Cortamos las cabezas florales cuando la cáscara de las semillas está dura y el grano bien formado. Una vez cortadas, las dejamos unos días expuestas al sol para que se sequen y sea más fácil desgranarlas, lo que se puede hacer sacando las pipas con las manos o sacudiendo con fuerza las cabezas florales. Una vez extraídas unas cuantas pipas resulta más fácil sacar el resto.

Requerimientos: Las semillas de girasol se siembran a bastante profundidad, de 3 a 8 cm. Cuanto más profunda esté la semilla más tardará en germinar y florecer. Colocamos un par de semillas por agujero y, si germinan las dos, eliminamos la plántula más débil. La distancia entre plantas es de 25 a 30 cm, y la distancia entre hileras de 60 a 70 cm.

Tierra: El girasol se adapta bien a todos los terrenos, aunque le gustan los arcillo-arenosos, muy ricos en materia orgánica. Es esencial que drenen bien.

Sol: A pleno sol.

Temperatura: Al girasol, cómo no, le gusta el sol. Crece bien en un rango bastante amplio de temperaturas, que van desde los 13 hasta los 30 ºC.

Riego: Son plantas de secano con raíces capaces de penetrar muy profundamente en el terreno, logrando extraer agua a un nivel al que otras hortalizas no son capaces de llegar. Además se recuperan con mucha rapidez en caso de estar faltos de agua. Aunque tengan las hojas lacias y los girasoles estén un poco mustios, volverán a ponerse lozanos en cuanto los reguemos. Aún así, lo mejor es que tengan riegos regulares y que no les falte agua.

Abono: Es una planta bastante exigente en nutrientes, por tanto debemos hacer una buena preparación del terreno con estiércol maduro y volver a abonar 3 o 4 veces durante el desarrollo de la planta.

Variedades: Existen bastantes variedades de girasol. Se clasifican por su tamaño, si son de tallo único o con ramificaciones y en función del contenido total de aceite. El tamaño de las semillas, según la variedad, puede llegar a alcanzar los 2,5 cm de largo. También hay girasoles ornamentales de variados colores que van del amarillo hasta el rojo.

Cuidados: Hay que eliminar las malas hierbas a medida que van naciendo.

Problemas más comunes y cómo resolverlos: Los girasoles no dan problemas, son resistentes a las plagas y a las enfermedades fúngicas. Podemos encontrar algún **gusano** (que no hará mucho daño) y quizás algún pajarito que venga a comer las semillas: les encantan. Si los **pájaros** son un problema, podemos colocar una malla antipájaros o un espantapájaros.

Sandía
Citrullus lanatus

Gracias al «Comidista» Mikel Iturriaga, conocí esta original re-
ceta que combina a la perfección dulce con salado. Necesitamos
750 g de sandía, 125 g de queso feta, 50 g de olivas negras des-
huesadas, 2 limas, ½ cebolla roja, 1 cucharada de menta fresca
picada, perejil fresco, aceite de oliva, sal y pimienta.

La cebolla se corta en juliana y se pone a macerar en el jugo
de las limas. Se trocea la sandía, se le añaden el queso, las
olivas, la menta, el perejil, la cebolla con el jugo de lima y el
aceite. Se salpimienta y se revuelve todo.

Siembra: De febrero a marzo en semillero protegido y a partir de abril en el exterior.

Recolección: A partir de los 3 o 4 meses de la siembra. Cuando la sandía tiene una parte de la piel de color amarillo es signo de que está madura. También podemos fijarnos en el pedúnculo que une la sandía a la planta. Si está seco seguro que está madura o incluso pasada.

Requerimientos: Podemos sembrarlas en terraza en febrero o marzo y fuera en abril. Ponemos 3 o 4 semillas por agujero o vaso de plástico a una profundidad de 1 o 2 cm. Cuando las plantas tienen 3 o 4 hojas nos quedamos con la más vigorosa y eliminamos el resto.

Tierra: Le gustan los terrenos que drenan bien y muy ricos en materia orgánica. Prefiere un pH un poquito ácido.

Sol: A pleno sol.

Temperatura: Para germinar necesita temperaturas de entre 18 y 22 ºC como mínimo. Durante el ciclo vegetativo y la floración, las temperaturas pueden oscilar entre los 20 y los 30 ºC.

Riego: La sandía, a diferencia del melón, requiere bastante agua. Esta fruta necesita riegos regulares y abundantes, pero siempre se debe regar con mucho cuidado de no mojar la planta y hay que evitar los encharcamientos.

Abono: La sandía es muy exigente en nutrientes. Es importante aportar una buena cantidad de abono al preparar el terreno. Necesita potasio en abundancia, más que nitrógeno. La forma de preparar la tierra varía un poco del resto de las hortalizas. Si queremos conseguir sandías de buen tamaño, hacemos un agujero tan grande como podamos, al menos de 70 cm de diámetro y otro tanto de profundidad. Lo rellenamos con estiércol maduro o humus de lombriz hasta unos 15 o 20 cm de la superficie, aprovechando para mezclar un par de paladas de cenizas (son ricas en potasio). La última parte del hoyo la llenamos con tierra del huerto y plantamos el plantel de sandía. Cuando la planta crezca y sus raíces empiecen a penetrar en el terreno, encontrarán el estiércol y aprovecharán todos sus nutrientes. También se puede ir aportando un cubo de compost, humus de lombriz o estiércol madura cada dos semanas y esparcirlo por el suelo. Cuando los frutos alcanzan el tamaño de una pelota de golf podemos dejar de abonar, pues los nutrientes que quedan en el suelo serán suficientes para formar las sandías.

Variedades: Encontramos unas cuantas variedades de sandía:

• **Sugar baby**: La corteza es verde oscuro y la carne rojo intenso. Las hay con pepitas y sin ellas.
• **Sandías Crimson**: Son de corteza rayada. Muchas variedades de este tipo no tienen semillas.

Además hay sandías con forma alargada y rayadas, con la carne de color blanco o rosado y con la piel verde claro o blanca.

Cuidados: Hay que eliminar las malas hierbas y las hojas que se sequen o parezcan enfermas. Cuando la planta tenga 2 o 3 frutos, podemos podar las puntas para que toda la energía de la mata se dedique a engordar las sandías.

Problemas más comunes y cómo resolverlos: Como la mayoría de las cucurbitáceas, la sandía sufre con el exceso de humedad y es fácil que adquiera alguna **enfermedad fúngica** o **podredumbre**. Controlando el exceso de humedad y evitando mojar las hojas al regar se pueden evitar muchas infecciones por hongos. Si aparecen hay que fumigar con sulfato de cobre. Los bichos que la suelen atacar son la **mosca blanca**, el **pulgón** y la **araña roja**. Los combatimos fumigando con insecticidas vegetales a base de neem o piretrinas.

Tomate
Lycopersicon esculentum

El tomate es la joya del huerto. No hay mayor placer para el hortelano que comerse, a primera hora de la mañana, unos tomates recién cogidos, solos o con un poco de sal. A esa hora conservan el fresco de la noche y son un auténtico manjar. Si los reservamos para la comida, resultarán fantásticos aliñados con sal, aceite de oliva y orégano.

Siembra: De enero a marzo en semillero protegido; en abril en el exterior.

Recolección: A partir de los 4 meses desde la siembra. La cosecha empieza entre junio y julio, dependiendo de la variedad y el clima. A partir de ese momento se pueden ir recolectando los frutos maduros cada 3 o 4 días.

Requerimientos: La siembra la realizamos 2 meses antes del trasplante al exterior, en los meses de enero, febrero y marzo en semillero protegido o en vasitos de plástico dentro de casa. Podemos sembrar en el exterior a partir del mes de abril. Las semillas de tomate se siembran a poca profundidad, entre ½ y 1 cm. Tardan en germinar entre 7 y 10 días. Si germinan varias plantas por recipiente, cuando haya cuatro o cinco eliminamos las más débiles dejando solo una planta. A los 2 meses de la siembra estarán listas para ser trasplantadas a su lugar definitivo.

Tierra: Las tomateras se adaptan bien a casi todos los terrenos, aunque prefieren una tierra esponjosa, aireada, que drene muy bien y muy rica en nutrientes. En cuanto al pH de la tierra, las tomateras toleran bien tanto los terrenos un poco ácidos como los ligeramente alcalinos.

Sol: A pleno sol.

Temperatura: Las tomateras no toleran el frío ni la humedad excesiva. Las temperaturas ideales para su cultivo son alrededor de 25 ºC durante el día y entre 15 y 18 ºC por la noche. Por debajo de 12 ºC se detiene su crecimiento y si la temperatura llega a los 0 ºC se mueren. Cuando el calor sobrepasa los 35 ºC, el polen se vuelve estéril.

Riego: El tomate soporta bien la escasez de agua y muy mal su exceso. En la etapa de crecimiento las tomateras necesitan más agua que durante la fructificación. Además, los tomates serán más sabrosos si pasan un poquito de sed. Con regar cada 3 o 4 días será suficiente. En el momento de la floración, un riego demasiado abundante provoca la caída de las flores mermando la producción. Tras un periodo de sequía, un riego abundante puede rajar los tomates.

Abono: Las tomateras son bastante exigentes en nutrientes, por tanto hay que realizar una buena preparación del terreno añadiendo suficiente estiércol maduro. Durante el ciclo de cultivo habrá que volver a abonar varias veces.

Variedades: Existen muchas variedades de tomates. En los últimos años, los tomates híbridos están desbancando a las variedades tradicionales, que están muy bien adaptadas a climas y lugares concretos y casi siempre resultan más sabrosas que los híbridos comerciales, que solo buscan gran producción y resistencia a enfermedades. Las variedades más usuales en nuestros huertos son:

- **Tomate de pera**: Recibe el nombre por su forma alargada; es muy carnoso y por ello muy útil para salsas y gazpacho.
- **Tomate cherry**: Es un tomate pequeño ideal para ensaladas. La planta es de porte reducido y muy adecuada para huertos pequeños o terrazas y balcones.
- **Tomate de ensalada**: Suelen ser grandes. Se cosechan un poco verdes y muchas de sus variedades son híbridos. Algunas tienen frutos bastante huecos y otras carnosos.
- **Tomate de rama**: Es más pequeño que el tomate de ensalada. Se cosecha maduro cortando el racimo entero.
- **Tomate de Montserrat o rosa**: Es grande y con forma

acostillada, muy sabroso y bastante hueco por dentro, ideal para hacer tomates rellenos o para ensaladas.

- **Tomate de colgar:** Es un tomate pequeño que se caracteriza por su piel fina, pero muy resistente, lo que impide la evaporación de agua. Se cosecha el racimo completo, antes de su plena maduración, y se cuelga en un lugar fresco y seco donde aguanta jugoso hasta el siguiente verano. En Cataluña se utiliza para preparar el famoso pan con tomate.

Cuidados: La tomatera necesita bastantes cuidados y debemos eliminar las malas hierbas conforme vayan naciendo. Casi todas las variedades precisan de tutores que conviene colocar cuando la planta es pequeña. Conforme va creciendo, hay que ir atando la tomatera al tutor con un cordel. Es aconsejable dejar una cierta holgura para no estrangular el tallo a medida que engorda. Se atan cada 30 o 40 cm, a ser posible por debajo de las ramas con flor, que es la zona con más peso. Otra tarea imprescindible es el destellado o poda de los brotes axilares o laterales que nacen entre el tallo principal y las hojas. Se deben eliminar cuando apenas miden unos centímetros, para que la herida sea pequeña y cicatrice con rapidez. El destellado tiene como objeto lograr que la tomatera centre sus energías en los frutos y aumentar la aireación de la planta para reducir la incidencia de enfermedades. Una vez la planta alcanza la altura deseada, se puede podar el brote central para que deje de crecer y se ocupe solo de producir frutos.

Problemas más comunes y cómo resolverlos: El **mildiu** es el gran problema en las tomateras. Lo reconocemos por las manchas negras que aparecen en el tallo, las hojas o el fruto. Es mejor prevenir que curar: para ello fumigamos las plantas con sulfato de cobre cada 15 días. Es importante hacerlo desde que son jóvenes y no esperar a la aparición del hongo.

9
Hortalizas de raíz

Ajo
Allium sativum

El ajo crudo, cortado en trocitos muy pequeños, se puede añadir a cualquier ensalada, aunque su fuerte sabor no agrada a todo el mundo. En casa lo añadimos a la ensalada de cuscús.

Para hacer esta ensalada troceamos, muy menudos, tomate, cebolla, zanahoria, pimiento, apio, pepino y ajo. Lo mezclamos con cuscús previamente cocido y enfriado, y lo aliñamos con aceite de oliva, vinagre y sal.

Siembra: De noviembre a febrero y siempre con luna menguante, pues la sabiduría popular afirma que en otras fases lunares los ajos se salen de la tierra. Primero hay que separar los dientes de una cabeza de ajos, desechando los muy pequeños o deformes. Los sembramos con la punta hacia arriba a unos 3 cm de profundidad y dejando una distancia entre ellos de 10 a 15 cm.

Recolección: A los 2 meses de la siembra los ajos tiernos y a los 3 meses y medio los ajos secos. Los ajos se cosechan a finales de junio. Cuando las hojas están secas arrancamos una planta para comprobar si las cabezas están bien formadas y listas. Si lo están, cosechamos todas las plantas y ponemos los ajos unos días al sol para que se sequen bien y se conserven durante meses. Podemos trenzarlos para hacer las típicas ristras de ajos y colgarlos al sol.

Requerimientos: El ajo es una hortaliza resistente que necesita poco abono. Se pueden sembrar en la misma parcela donde hemos cultivado alguna hortaliza que necesite un abonado intenso y aprovechará los nutrientes que queden en la tierra.

Tierra: Se adapta bien a todos los terrenos, aunque los prefiere ligeros y que drenen bien.

Sol: A pleno sol.

Temperatura: Soporta bien el frío intenso, aunque en estas condiciones saldrá un poco más picante. Al principio de su desarrollo necesita que las temperaturas nocturnas estén por debajo de 16 ºC. Una vez que el bulbo ya está en pleno ciclo vegetativo tolera temperaturas de hasta 40 ºC.

Riego: Los ajos necesitan poca agua. Debemos regar poco y plantarlos en una tierra que drene bien.

Abono: Es una planta poco exigente en nutrientes. Será suficiente con preparar bien el terreno con estiércol maduro antes de sembrar.

Variedades: Los ajos se dividen en dos grupos:

* **Ajo blanco o común:** Es bastante rústico, se conserva bien, es productivo y se suele consumir seco.
* **Ajo morado:** Es más precoz que el blanco, se estropea antes y se consume tierno o seco.

Cuidados: El único cuidado que requieren estos bulbos es la eliminación de malas hierbas.

Problemas más comunes y cómo resolverlos: Los ajos casi nunca presentan problemas, no suelen sufrir ataques de parásitos ni enfermedades.

Cebolla
Allium cepa

*En Colombia nos enseñaron a preparar una ensalada de cebolla
muy sencilla pero que sorprende por su original sabor. Se corta en
rodajas finas una cebolla y se aliña con zumo de lima (o de limón)
y cilantro fresco troceado.*

Siembra: De febrero a marzo y de agosto a septiembre.

Recolección: A partir de los 5 meses desde la siembra, o en
3 meses si empezamos con plantel. Cuando llega el momento de la cosecha dejamos de regar y esperamos hasta que la
tierra está bien seca para arrancarlas. Tras cogerlas conviene
que pasen unas horas al sol para que se sequen completamente. Si se guardan húmedas pueden estropearse.

Requerimientos: La cebolla tarda 2 meses desde que germina hasta que alcanza el tamaño suficiente para poder ser trasplantada. Por esta razón se suele sembrar casi siempre a partir de plantel. La siembra se realiza en semillero y suele germinar en una semana, aunque con temperaturas inferiores a 10 ºC la germinación puede retrasarse hasta 20 días. Cuando las cebollas alcanzan el grosor de un lápiz y una altura de 15 o 20 cm, están listas para ser trasplantadas a su lugar definitivo.

Tierra: La cebolla requiere un terreno ligero, suelto y rico en materia orgánica. El pH adecuado es entre 6 y 6,5.

Sol: A pleno sol.

Temperatura: Esta hortaliza se adapta bien tanto al frío como al calor. Su única exigencia es que necesita días largos, con muchas horas de luz, para poder desarrollar el bulbo.

Riego: Los riegos deben ser regulares y poco abundantes para evitar encharcamientos y exceso de humedad. Cuando el bulbo ya está formado por completo es preferible espaciar los riegos para que la tierra se llegue a secar. De esta forma la cebolla también se seca y se conserva durante más tiempo una vez cosechada.

Abono: Las cebollas requieren pocos nutrientes. Con preparar bien el terreno con un poco de estiércol maduro antes del trasplante y añadir una pequeña cantidad de cenizas de madera cuando el bulbo esté a mitad de su desarrollo, será suficiente.

Variedades: Existen bastantes tipos de cebollas. Una clasificación útil es en función de su época de cultivo.

- **Variedades de primavera y verano:** La cebolla blanca de España, la babosa o la cebolla morada. Se siembran entre febrero y marzo. Necesitan un fotoperiodo muy largo (días largos y noches cortas).
- **Variedades de otoño e invierno:** La cebolla gigante de España, la cebolla dulce de Fuentes o la cebolla amarilla azufre de España. Se siembran entre agosto y septiembre. También necesitan un fotoperiodo largo, aunque puede ser un poquito más corto del que requieren las variedades de primavera-verano.

Cuidados: Se trasplantan dejando una distancia entre ellas de 10 a 15 cm. Si el plantel está muy desarrollado y tiene raíces muy largas, conviene recortarlas un poco justo antes del trasplante. Al igual que con todas las plantas, tenemos que eliminar las malas hierbas conforme nacen, sobre todo mientras las cebollas sean pequeñas. Para engordar un poco más los bulbos podemos doblar el tallo de la cebolla hasta que quede paralelo a la tierra cuando el bulbo ya está bien formado (casi al final del ciclo). En algunas zonas de España se realiza esta operación pisando los tallos de las cebollas.

Problemas más comunes y cómo resolverlos: Es una hortaliza que suele dar pocos problemas. El único insecto peligroso es la **mosca de la cebolla**; para evitar su aparición es útil plantar zanahorias intercaladas con las cebollas. No hay que abusar del riego ni encharcar la tierra. El exceso de humedad atrae a los **hongos**.

Nabo
Brassica rapa

*Sí, el nabo también se come crudo, y no sólo el daikon o rábano/ nabo japonés, que es una variedad del rabanito (*Raphanus sa- tivus *var.* Longipinnatus*). Todas las variedades se pueden con- sumir sin cocinar. En las ensaladas se añade rallado o cortado en láminas como cualquier otro ingrediente.*

Una deliciosa ensalada consiste en cortar nabos en láminas muy finas y añadirles una salsa de limón, salsa de soja, aceite de oliva y sal.

Siembra: De marzo a septiembre.

Recolección: Entre 40 y 60 días a partir de la siembra. No debemos dejar que se hagan demasiado grandes, pues pierden calidad y se vuelven fibrosos.

Requerimientos: Las variedades de primavera-verano se siembran desde marzo hasta junio y las de otoño-invierno de julio a septiembre. Sembramos a 1 cm de profundidad en el lugar definitivo donde van a crecer. Una vez que las plantas tengan 2 o 3 hojas, realizamos el aclareo dejando una distancia de 10 cm entre plantas.

Tierra: El nabo prefiere los terrenos ligeros, sueltos, mullidos y ricos en humus. El pH debe ser neutro o un poco ácido.

Sol: El nabo que sembremos en primavera lo situaremos en semisombra; el nabo de otoño lo sembramos al sol.

Temperatura: A esta hortaliza no le gusta el calor excesivo ni la sequía. Las temperaturas que ronden los 20 ºC son las ideales para cultivar nabos.

Riego: Los nabos de otoño e invierno necesitan menos riego que los que sembramos en primavera. Durante las primeras semanas requieren más agua que en las finales. No debemos dejar que la tierra se seque en exceso y también debemos evitar los encharcamientos. Nunca deben pasar sed, puesto que empeoraría mucho la calidad del nabo.

Abono: El nabo es bastante exigente en nutrientes. Es importante que el estiércol que añadamos al terreno esté bien maduro y descompuesto para evitar enfermedades.

Variedades: Existen diferentes tipos de nabos. Las variedades grandes son fibrosas y se cultivan para alimentar al ganado. Las más tiernas y pequeñas (destinadas al consumo humano) se deben recolectar tempranas para que sean de buena calidad. Los diferentes tipos de nabo varían en color y forma. Los hay blancos, amarillos, rosados y grises. Por su forma hay nabos redondos, alargados y achatados. Entre las variedades más conocidas tenemos el nabo virtudes o martillo, el nabo bola de nieve, el nabo de otoño y el nabo de mayo. Las variedades destinadas al consumo de grelos son el nabo blanco de Lugo y el nabo temprano de Santiago.

Cuidados: El nabo requiere que la tierra esté bien trabajada y muy suelta para que pueda desarrollarse sin problemas. Es importante mantener el terreno libre de malas hierbas.

Problemas más comunes y cómo resolverlos: Los nabos sufren los mismos problemas que las coles: **oruga de la col, pulgón, gusanos grises, caracoles, babosas**. Para evitar que se contagien debemos cultivarlos lo más lejos posible de coles, coliflores y brócolis. Los nabos cultivados de forma ecológica y lejos de las coles no acostumbran a enfermar ni tener parásitos. Si los nabos adquieren alguna plaga o enfermedad, aplicamos los mismos remedios que a las coles.

Rabanito
Raphanus sativus

Para que los rabanitos no resulten excesivamente picantes es importante que no pasen sed nunca. Los rabanitos tienen una gran ventaja: se pueden cultivar a lo largo de todo el año. Durante el invierno, cuando se pueden cultivar pocas hortalizas, los rabanitos son muy útiles para dar color a las ensaladas.

En casa los consumimos como aperitivo, cortados en finas rodajas y aliñados con aceite de oliva, vinagre y sal. También están muy ricos simplemente pelados y con un poco de sal.

Siembra: Todo el año.

Recolección: A los 30 días a partir de la siembra. Se pueden cosechar en cuanto alcanzan un tamaño suficiente. Si maduran demasiado se secan por dentro y resultan ásperos e incomibles.

Requerimientos: En primavera y otoño se puede sembrar cualquier variedad, pero en invierno hay que buscar variedades para días cortos y en verano escoger variedades tardías. Las semillas de variedades redondas se colocan a 1 cm de profundidad, en cambio las variedades alargadas se siembran a 2 o 3 cm. Todas germinan a los 2 o 3 días de sembrarlas. La distancia entre plantas debe ser de 4 o 5 cm. En casa, para tener rabanitos constantemente, sembramos una vez al mes.

Tierra: Al rabanito le gusta un sustrato suelto, esponjoso y rico en humus, aunque se adapta bien a cualquier tipo de tierra siempre que el pH oscile entre 5,5 y 7.

Sol: En otoño, invierno y primavera los sembramos en un lugar bien soleado. En verano están mejor en semisombra o incluso a la sombra.

Temperatura: Su desarrollo óptimo se produce con temperaturas entre 18 y 22 ºC. Con temperaturas inferiores a 8 ºC se ralentiza bastante el crecimiento.

Riego: El rabanito necesita humedad constante. Es preferible regar con frecuencia y en poca cantidad que aplicar riegos abundantes pero espaciados en el tiempo. Tened en cuenta que si esta hortaliza pasa sed, se volverá muy picante.

Abono: Es una planta poco exigente en nutrientes; una tierra bien preparada con estiércol maduro será suficiente para todo el ciclo de cultivo.

Variedades: Hay bastantes tipos de rabanitos, los más comunes son:

- **Rabanitos de raíz globular:** Son redondos y varían en el color, desde rojos hasta rosados con la punta blanca.
- **Rabanitos de raíz oblonga:** Son alargados con el extremo redondeado y con los mismos colores que los anteriores.
- **Rabanitos de raíz grande:** Son alargados con el extremo de la raíz en punta y de color rosado o blanco.

Cuidados: Son tan rápidos creciendo que necesitan pocos cuidados. Basta con eliminar las malas hierbas y entresacar alguna plántula para dejar la distancia adecuada.

Problemas más comunes y cómo resolverlos: Los rabanitos no dan problemas, pues ni enfermedades ni plagas tienen tiempo suficiente de desarrollarse y provocar serios daños. En época de calor a veces nos encontramos con pequeños insectos que agujerean las hojas, sin afectar a la raíz. El exceso de agua puede provocar el **rajado** de los rabanitos, sobre todo después de un periodo seco.

Remolacha
Beta vulgaris var. *Conditiva*

La remolacha cruda no es tan dulce como cocida y resulta algo más dura, por lo que conviene consumirla rallada. Se puede añadir a las ensaladas y combina bien con la zanahoria, la lechuga o las espinacas, y se puede aderezar con vinagre o zumo de limón.

Siembra: Desde marzo hasta septiembre

Recolección: A partir de los 2 o 3 meses de la siembra, según la variedad. Una vez está formada y alcanza el tamaño adecuado, aguanta muy bien en la tierra, siempre que la sigamos regando con regularidad y no haga calor excesivo o frío intenso, que la vuelve dura y fibrosa. Por tanto, podemos ir cosechándola en función de nuestras necesidades de consumo.

Requerimientos: Las semillas se siembran en golpes de 3 o 4 semillas y a una profundidad de 2 o 3 cm, por lo que nacerán varias plantitas juntas. Cuando estas plantas tengan 4 o 5 hojas, procederemos al aclareo dejando una distancia de 15 cm entre plantas.

Tierra: Requiere una tierra con buena capacidad de retención de agua, bien aireada y fértil. El pH adecuado es alrededor de 7.

Sol: Crece bien tanto al sol como a la sombra.

Temperatura: Las mejores épocas para cultivarla son primavera y verano.

Riego: Los riegos deben ser regulares. Si pasa sed la remolacha se vuelve dura y fibrosa. Si se riega en abundancia cuando está muy seca, al hincharse de agua repentinamente se puede partir o agrietar.

Abono: Es una planta exigente en nutrientes, pero el abono debe ser poco nitrogenado y rico en potasio. Si le damos demasiado nitrógeno sólo crecerán las hojas y la raíz se quedará pequeña.

Variedades: Las variedades de remolacha se dividen por la forma de la raíz:

- **De raíz aplanada y superficial:** Como la plana de Egipto (de sabor y color suaves).
- **De raíz redondeada:** Una parte crece bajo tierra y otra

por encima de ella. Por ejemplo, la remolacha Detroit, de color rojo intenso y muy rústica.

• **De raíz alargada**: Es más tardía y con mayor peso.

Cuidados: La remolacha necesita que aclaremos las plantas más débiles y arranquemos las malas hierbas con frecuencia.

Problemas más comunes y cómo resolverlos: Es una planta muy rústica que rara vez da problemas. Los únicos parásitos que la atacan ocasionalmente son el **pulgón negro** y las **pulguillas**. Con clima frío y un exceso de humedad en la tierra pueden aparecer **hongos** o **podredumbres**. Evitaremos el pulgón negro usando un abono bajo en nitrógeno. Las pulguillas las descubrimos por los agujeros que dejan en las hojas: sólo aparecen en tiempo seco y con la tierra muy reseca. Si la humedad ambiental es muy baja, se puede prevenir la aparición de las pulguillas regando las remolachas más a menudo. En zonas frías y húmedas, las remolachas dan muchos menos problemas de podredumbres y hongos si se siembran en un lugar muy soleado.

Zanahoria
Daucus carata

La zanahoria es rica en antioxidantes y vitamina A. Es una hortaliza muy versátil que puede añadirse a cualquier ensalada, tanto rallada como cortada en rodajas finas o bastoncitos. En casa preparamos una ensalada muy sencilla añadiendo a la zanahoria rallada unas semillas de sésamo, un poco de zumo de limón, sal y aceite de oliva.

Siembra: A partir de enero en zonas templadas y desde marzo en zonas muy frías.

Recolección: Las variedades precoces están listas 55 días después de la siembra, el resto de variedades a los 70-80 días. Las zanahorias aguantan mucho tiempo en la tierra una vez maduras, por lo que no hace falta cosecharlas todas y las podemos ir recogiendo en función de nuestras necesidades. Mientras permanezcan en el suelo se conservarán perfectamente durante semanas.

Requerimientos: Las semillas de zanahoria tardan entre 10 y 20 días en germinar, dependiendo de la variedad. Se siembran a 1 cm de profundidad o incluso menos. Cuando tienen 2 o 3 hojas, se realiza un primer aclareo eliminando las más débiles y dejando 2 o 3 plantas. Dos o tres semanas más tarde volvemos a eliminar plantas hasta dejar una distancia entre zanahorias de 5 a 6 cm. Las diminutas zanahorias que arranquemos se pueden consumir sin necesidad de pelarlas, pues son tiernas y sabrosas.

Tierra: Esta hortaliza requiere una tierra suelta y mullida. La tierra dura y apelmazada provoca que el corazón de la zanahoria se endurezca, empeorando su calidad y textura. El pH idóneo oscila entre 5,8 y 7.

Sol: Al sol o en semisombra.

Temperatura: Es una planta bastante rústica que se adapta bien a casi todos los climas. Puede soportar pequeñas heladas y se desarrolla bien con temperaturas de hasta 28 ºC.

Riego: Esta hortaliza requiere riegos regulares. Es importante que la tierra no se reseque, porque la piel se endurece y, cuando finalmente se riega, las raíces se rajan o agrietan.

Abono: Estas raíces necesitan un abono bajo en nitrógeno. Es preferible nutrirlas poco y cosecharlas más bien pequeñas, ya que las zanahorias grandes acumulan muchos nitratos, sobre todo si se abonan en exceso.

Variedades: Las zanahorias se suelen clasificar en función de su longitud.

- **Zanahorias cortas:** Miden menos de 10 cm y son muy precoces, pero no es fácil encontrar semillas en España, aunque se pueden comprar en Francia a través de internet.
- **Zanahorias semilargas:** Miden entre 10 y 20 cm. La mayoría de las zanahorias que se cultivan están dentro de este grupo.
- **Zanahorias largas:** Son aquellas que superan los 20 cm. Suelen ser variedades forrajeras que se usan para alimentación animal.

Cuidados: Aparte de los aclareos también es importante eliminar las malas hierbas, sobre todo al principio, ya que la zanahoria crece lentamente y pueden llegar a ahogarla.

Problemas más comunes y cómo resolverlos: La zanahoria es bastante rústica y presenta pocos problemas. El más frecuente es el ataque de la **mosca de la zanahoria.** Los posos de café esparcidos por la tierra y la asociación con puerros ayudan a repeler este parásito.

10
Hierbas y flores

El huerto se dedica principalmente a la producción de alimento, por lo que las especies preferidas son las más nutritivas y que producen en gran cantidad. Sin embargo, el horticultor aficionado hará bien en dedicar un pequeño rincón del huerto al cultivo de algunas plantas aromáticas y flores comestibles que enriquecerán la gama de sabores, colores y aromas que se pueden obtener del cultivo familiar. Muchas de estas especies actúan también como repelentes de insectos por su intenso aroma y ayudan a mantener el huerto libre de plagas.

Hierbas

PEREJIL
(Petroselinum hortense)

El perejil se usa en España sólo como especia, en pequeñas cantidades. Sin embargo, en Líbano hacen una ensalada que usa esta planta de base: el *tabbouleh*. Se pica una cantidad muy grande de perejil, hasta llenar media ensaladera, y se le añade tomate troceado, cebolla cortada muy menuda, sal, limón y aceite. Es una ensalada diferente y muy original que resulta deliciosa con pan de pita, estas tortas planas que comen en algunos países del Mediterráneo oriental.

Se siembra entre febrero y marzo, salvo en zonas frías, donde conviene esperar hasta el mes de abril. También se puede sembrar entre agosto y septiembre para tener perejil en invierno. Las variedades más habituales son el perejil común y el rizado, siendo este último un poco más resistente al frío. En verano estará mejor en semisombra y necesitará riegos abundantes. En invierno lo plantamos a pleno sol.

ALBAHACA
(Ocimun basilicum)

Un par de hojas frescas y picadas de albahaca dan un sabor insuperable a las ensaladas, en especial a las que llevan tomate. La famosa ensalada *caprese* (de Capri, Italia), se prepara con rodajas de tomate y queso mozzarella aliñadas con hojas de albahaca, sal, pimienta y aceite de oliva.

La albahaca se siembra entre marzo y mayo en un lugar

soleado. Los riegos han de ser moderados y regulares, sin encharcar la tierra. El exceso de humedad ahoga las raíces y la planta se marchita. Le gusta la tierra rica en humus. A partir de los 2 meses de la siembra podemos empezar a cosechar algunas hojas. La variedad de consumo es la de hoja grande. La albahaca de hoja pequeña ahuyenta los mosquitos pero no es comestible.

MENTA O HIERBABUENA
(Menta spicata)

La menta fresca picada aporta un toque aromático y refrescante a las ensaladas. Es una hierba de fácil cultivo. De hecho, se trata de una especie invasora que se puede extender por todo el huerto si no tenemos cuidado. Crece con facilidad siempre que esté en lugares frescos y en semisombra. Aguanta las heladas y las temperaturas altas, pero si hace mucho frío detiene su crecimiento. Le gustan los terrenos húmedos, frescos y ricos. Requiere bastantes riegos y que la tierra esté siempre húmeda. Se reproduce con facilidad dividiendo la planta en dos y plantando cada trozo por separado.

CEBOLLINO
(Allium schoenoprasum)

Este pariente de la cebolla es de sabor similar aunque más suave y delicado, que combina muy bien con la mayoría de las ensaladas y vinagretas. Se siembra entre marzo y mayo a 1 cm de profundidad y con temperaturas que ronden los 19 ºC. No tolera las heladas ni temperaturas bajas, por lo que prefiere estar al sol, aunque aguanta también en semisombra. Le gusta el terreno húmedo y rico en humus. Los riegos deben ser frecuentes. Se cosecha a partir de los 3 meses de la siembra cortando las hojas según se necesiten. La planta nos durará hasta 3 años siempre que vayamos cortando las hojas antes de que empiece a florecer. Se reproduce bastante bien por división de la planta en primavera.

Cilantro
(Coriandrum sativum)

El cilantro tiene un aspecto casi idéntico al del perejil, pero su aroma y sabor son completamente diferentes. Es una hierba de gusto peculiar que no gusta a todo el mundo, pero quienes se aficionan a ella la suelen encontrar deliciosa. Es muy común en muchos países de América y Asia y forma parte indispensable del famoso guacamole mexicano, esa ensalada de aguacate, cebolla, tomate, limón y cilantro que se come con tortillas, unos panes planos típicos de la cocina mexicana.

Se siembra en primavera y en otoño plantando 3 o 4 semillas a una profundidad de 2 cm. Le gusta estar al sol y en un terreno aireado y que drene bien. Podemos empezar a cosechar ramitas a partir de los 40 días de la siembra. Es mejor recolectarlas poco antes de usarlas, ya que pierden mucho aroma y sabor cuando llevan un tiempo cortadas. Es una planta que florece muy rápidamente aunque la cortemos a menudo. Por suerte también podemos añadir sus flores a las ensaladas: son de sabor más suave y un poco más dulces que las hojas.

Hinojo
(Foeniculum vulgare)

El bulbo de esta planta perenne de un metro y medio de altura tiene un sabor parecido al anís y es ideal para combinar con el pepino en ensaladas. Se siembra desde finales de marzo hasta junio a 1 o 2 cm de profundidad, en un lugar soleado. Requiere una tierra fértil con buen drenaje y los riegos deben regulares. Podemos recolectar hojas y tallos a partir de los 3 meses de la siembra y continuar a lo largo del verano. Los bulbos están completamente formados a principios de otoño y se cosechan antes de la llegada del frío. No debemos plantar el hinojo cerca del cilantro o el eneldo, pues puede cambiar el sabor de estas plantas. Las flores son de sabor dulce y anisado.

Orégano y mejorana
(Origanum vulgare, Origanum majorana)

Estas dos plantas son primas hermanas, pero su aroma y sabor difieren un poco. Se siembran entre marzo y abril en terrenos algo calcáreos, aunque se adaptan bien a todos los suelos siempre que drenen bien, porque son poco exigentes en nutrientes. Soportan tanto el frío como la sequía. Es preferible plantarlas al sol, pero toleran la media sombra. A los 3 meses de la siembra ya podemos cortar algunas ramitas. Las plantas duran hasta 10 años, aunque cada otoño se secan y no vuelven a brotar hasta la primavera.

Mostaza
(Brassica juncea)

Las hojas de mostaza huelen igual que la salsa del mismo nombre que se hace con las semillas de esta planta. Las hojas se comen cuando son tiernas y jóvenes, mezclándolas con otras lechugas, pues su sabor picante puede resultar demasiado fuerte si se comen solas. Cuanto más sed pase la planta, más fuerte será el sabor de las hojas. Con las semillas podemos preparar aceite aromatizado dejando macerar los granos machacados en aceite de oliva. Es una forma más suave de disfrutar del sabor de esta planta. Se siembra desde marzo hasta julio, a 1 cm de profundidad y en un lugar soleado. Prefiere los terrenos con buen drenaje. Requiere poca agua y poco nitrógeno.

Flores

En los huertos siempre se han sembrado algunas flores comestibles como la alcachofa, el brócoli o la coliflor. Además podemos cultivar otras variedades de flores que no cunden tanto desde el punto de vista de la producción, ya que son pequeñas y de poca consistencia, pero que darán un toque de color a la huerta y a la mesa.

Flor de calabacín

La flor de calabacín es de color naranja y tiene un delicado sabor ligeramente dulzón. Se puede añadir a las ensaladas o rellenarlas de carne o verdura y cocinarlas, como hacen en

México e Italia. Las plantas de calabacín tienen flores femeninas y flores masculinas. Se diferencian porque las femeninas tienen el fruto en su base, mientras que las masculinas sólo tienen un delgado tallo. Se pueden comer las dos, aunque es mejor la flor femenina, que normalmente está ligada al fruto inmaduro, pero hay que tener en cuenta que si nos comemos todas las flores femeninas no cosecharemos ningún calabacín maduro.

FLOR DE CEBOLLINO

La flor del cebollino es de color malva-rosado y tiene un sabor parecido a la cebolla, aunque algo más suave. Se puede usar para hacer salsas y vinagretas o añadirla directamente como un ingrediente más de nuestras ensaladas.

BEGONIA

Hay begonias amarillas, rojas, blancas o naranjas, pero las más utilizadas en la cocina son las de color rojo intenso, de sabor ácido parecido al limón, y las blancas, que combinan los toques ácidos y refrescantes con un fondo más dulce. Las begonias requieren temperaturas cálidas de entre 18 y 25 ºC, sombra o semisombra (ya que no toleran el sol directo) y un suelo que drene muy bien. Es muy importante que el terreno no se encharque, pero que tampoco se seque. Crecen mejor cuando se riegan con agua blanda no calcárea. Necesitan bastantes nutrientes, por lo que hay que abonarlas con frecuencia. Con temperaturas altas pueden sufrir el ataque de la mosca blanca y, si la humedad ambiental es muy alta, botritis.

Capuchinas

Las capuchinas (*Tropaeolum majus*) pueden ser de color rojo, amarillo o naranja. Tienen un ligero sabor picante parecido al de los berros. Además de las flores se pueden consumir las hojas, pero son bastantes más fuertes y picantes. La capuchina repele a la mosca blanca y el pulgón, por lo que es un gran aliado del horticultor, que siempre debería cultivar algunas aunque no las consuma.

Las capuchinas son de fácil cultivo, se siembran entre marzo y mayo, tardan en germinar entre 14 y 20 días y florecen a partir de las 8 semanas de la siembra. No toleran las heladas ni el frío intenso. Requieren temperaturas entre 12 y 30 ºC. Se plantan a pleno sol y se adaptan bien a todo tipo de terrenos, siempre que no permanezcan encharcados. Son poco exigentes en nutrientes. Los riegos deben ser moderados, pero sin que se llegue a secar del todo el terreno. Es una planta muy rústica que no sufre plagas ni enfermedades.

Flor de eneldo

Las flores de eneldo (*Anethum graveolens*) son diminutas y de color amarillo. Hay que separar las flores una a una de la cabeza floral. Tienen un ligero sabor a eneldo con un toque de menta. Se siembran en primavera en su lugar definitivo, pues las raíces son muy delicadas y no aguantan bien el trasplante. Escogeremos un lugar soleado y un terreno que drene bien. Toleran bien el suelo pobre, pues no son exigentes ni requieren mucho abonado, aunque los riegos deben ser regulares. Podemos cosechar las hojas a medida que las necesitemos y las flores se recolectan cuando estén amarillas.

FLOR DE BORRAJA

Las flores de borraja (*Borago officinalis*) son de color azul, lila o blanco y su sabor recuerda al del pepino. Son mejores si antes de consumirlas se retiran los pistilos y estambres (la parte más oscura del centro de la flor). Se siembran a lo largo de la primavera, dejando una distancia entre plantas de 40 a 50 cm. Escogemos un lugar a pleno sol en un suelo pobre, suelto, arenoso y que drene muy bien. Son poco exigentes en nutrientes y riego.

CLAVELES

Todos los claveles (*Dianthus spp.*) son comestibles. Los hay de flores que pueden ser sencillas y dobles, en una amplia gama de colores: blanco, rosa, rojo, amarillo... E incluso de dos colores al mismo tiempo. El sabor recuerda al clavo (la especia) pero más dulce. Sólo se comen los pétalos, pues el cáliz es muy amargo. Se siembran en primavera en un lugar soleado y prefieren los terrenos porosos que drenen bien. Con mucho frío o calor no producirán flores. Las temperaturas idóneas son las comprendidas entre 12 y 21 °C. Requieren riegos regulares, sin encharcamientos. Durante la primavera y el verano necesitan más abono que el resto del año.

11
Plagas y enfermedades

En un ecosistema equilibrado conviven muchas especies sin que ninguna domine a las demás. Las plagas aparecen cuando el sistema se desequilibra por algún motivo: técnicas poco apropiadas de cultivo, aplicación de pesticidas, herbicidas o fungicidas químicos, exceso de fertilizantes, siembra fuera de la época correcta, etc.

La gestión de plagas se basa en cuatro conceptos clave:

• Prevenir su aparición.
• Vigilar y observar para detectarlas lo antes posible.
• Identificar la plaga responsable.
• Actuar de forma adecuada a la gravedad de la situación.

Siempre es mucho más sencillo evitar que las plagas aparezcan que eliminarlas cuando ya se han establecido en las plantas. Si pese a nuestros cuidados la plaga aparece, hay que detectarla cuanto antes y actuar antes de que se empiece a reproducir. En condiciones adecuadas, muchos insectos se reproducen a gran velocidad, llegando a doblar el número de individuos cada pocas horas.

Es fundamental identificar bien qué plaga sufrimos si queremos tener éxito en su erradicación. Cada especie tiene unas características diferentes y no todas son sensibles a los mismos productos. Hay que leer muy atentamente las instrucciones de los productos fitosanitarios y respetar las normas de seguridad.

LA BIODIVERSIDAD AYUDA A PREVENIR PLAGAS

La naturaleza es diversa. En cualquier ecosistema silvestre conviven numerosas especies: plantas, animales, insectos, hongos, bacterias, levaduras...

 La ecología del huerto será más equilibrada y capaz de hacer frente a los distintos problemas cuanto mayor sea su biodiversidad.

Siembra tantas especies de hortalizas como puedas y usa los márgenes del huerto para cultivar otras especies, aunque no sean verduras. También conviene mantener algún margen con la flora silvestre y espontánea que nazca. La flora silvestre alberga a gran número de especies que actúan como depredadores de las plagas, manteniendo un ecosistema equilibrado e impidiendo que ninguna especie se multiplique desmesuradamente.

El horticultor ecológico debe trabajar en colaboración con el ecosistema, potenciando aquellas especies del ecosistema que le resultan beneficiosas: construir refugios para pájaros, estanques para anfibios o mantener los márgenes del huerto con especies silvestres que alimenten a las abejas cuando las hortalizas aún no hayan florecido. Las mariquitas se comen los pulgones, las avispas depositan huevos en el interior de sus víctimas para que las larvas se alimenten de ellos. Las arañas, tan temidas por algunas personas, son grandes ayudantes para el horticultor, siempre vigilantes junto a su tela. Las ranas y sapos recorren el huerto por las noches reduciendo la población de insectos. Las plantas aromáticas suelen ser un buen refugio para los insectos beneficiosos y conviene dedicarles un rincón del huerto.

Evita los productos tóxicos

Muchos pesticidas, especialmente los productos químicos más tóxicos, no sólo acaban con las plagas, sino que también matan a los insectos beneficiosos o incluso a los anfibios. Evita siempre el uso de productos tóxicos pero, si en algún momento no tienes más remedio que emplearlos, limita su aplicación a lo mínimo imprescindible. No es infrecuente que, al intentar acabar con una plaga, terminemos desequilibrando aún más el ecosistema. Si matamos a los depredadores que se alimentan de una especie, acabamos con el sistema de control de poblaciones de la naturaleza. Si nada se las come, las plagas se pueden reproducir a enorme velocidad. Cuando alteramos el equilibrio de especies, los problemas siempre van a peor y la mejor forma de corregirlos es intentar restaurar el equilibrio.

El desequilibrio del ecosistema tarda tiempo en solucionarse. La parcela donde tenemos nuestro huerto había pertenecido anteriormente a otro horticultor que cultivaba con abonos químicos y plaguicidas tóxicos. Cuando empezamos a sembrar en ella decidimos trabajar ecológicamente y no usar pesticidas peligrosos. Durante los dos primeros años el caos de especies era muy patente: las plagas se sucedían una tras otra, atacando a todas las hortalizas. Resistimos la tentación de aplicar venenos y, aunque la producción de esos años fue exigua, confiamos en la naturaleza. A partir del tercer año todo cambió. Obviamente, alguna que otra planta sigue siendo atacada por insectos, pero ya no se convierten en plaga. Sólo sufren las plantas más débiles, algo natural en el sistema habitual de selección de la naturaleza. El débil muere y el fuerte sobrevive y pasa sus genes a sus descendientes. En un huerto equilibrado encontramos especies de insectos de todo tipo (también las que suelen considerarse plagas), pero ninguna especie domina sobre las demás. Todas las poblaciones están en equilibrio.

Plagas

PÁJAROS

Los pájaros son amantes de las semillas y recorrerán el huerto tras la siembra intentando desenterrarlas. A menudo picotean los tomates, las fresas y otras verduras. Se pueden ahuyentar con un espantapájaros o colgando algún elemento brillante cerca de las plantas, como viejos CDs. Los reflejos asustan a los pájaros y los mantienen alejados. Otra buena solución es instalar una malla por encima de las plantas que les impida el paso.

Pulgón

Son insectos pequeños, de 1 a 3 mm, con cuerpo blando y colores verdes, amarillos o negros que se sitúan en los brotes jóvenes y forman densas colonias. Chupan la savia de la planta y la debilitan. Además segregan un líquido blanco y pegajoso que favorece la aparición de hongos. Las hormigas tienen rebaños de pulgones a los que ordeñan y trasladan a nuevas plantas para colonizarlas. Aunque el pulgón no suele matar a las plantas, las debilita bastante y puede provocar la aparición de hongos. Las hojas atacadas se retuercen si son grandes y se deforman si son pequeñas. El pulgón se puede reproducir a los seis días de nacer. De hecho, puede nacer con embriones ya formados en su interior.

Para combatirlo lo primero que hay que hacer es buscar hormigas. Si las hay, las eliminaremos con un cebo para hormigas. Los pulgones se pueden retirar de la planta con una esponja mojada en agua jabonosa, un espray de agua jabonosa o un insecticida. Se puede usar jabón potásico o, si no lo encontramos, un jabón de manos sencillo. El agua jabonosa no acaba con todos los pulgones, pero es una medida no tóxica que dejará la planta bastante libre de bichos. La **piretrina** es un buen insecticida que acaba con los pulgones al igual que con la mayoría de plagas y que no resulta tóxico para los mamíferos. Se extrae de los crisantemos y se puede encontrar en espray, en líquido y en polvo.

Otro buen sistema de controlar las plagas consiste en favorecer a los **insectos predadores**. Por ejemplo, las mariquitas comen pulgones vorazmente. Se pueden recoger mariquitas y colocarlas sobre las plantas. En algunas tiendas de cultivo se pueden encontrar insectos predadores a la venta.

Mosca blanca

Estos pequeños insectos de color blanco se posan en la cara inferior de las hojas y chupan su savia. Se ven porque, cuando movemos las hojas, sale volando una pequeña nube de moscas blancas. Ponen pequeños huevos blancos en la cara inferior de las hojas. El ciclo vital de la mosca blanca está directamente relacionado con la temperatura. A 30 ºC, el ciclo de vida es ocho veces más rápido que a 12 ºC, siendo capaces de reproducirse en unos pocos días. Cuando la temperatura es más alta están más ágiles y despiertas, pero cuando hace frío se las puede coger con facilidad. Al igual que el pulgón, la mosca blanca no suele matar las plantas, aunque las debilita y favorece la aparición de hongos. Cuando no hay muchas se pueden quitar a mano. También se pueden pulverizar con **piretrinas** o con un insecticida casero. En las tiendas de jardinería se pueden encontrar unas trampas amarillas pegajosas que las atraen y las atrapan. Son efectivas y muy útiles. Son muy comunes dentro de invernaderos.

Araña roja

Son arañas muy pequeñas, de apenas un milímetro de largo. Suelen ser de color rojizo, marrones o negras cuando son adultas y medio trasparentes de jóvenes. Chupan la savia de la planta y se reproducen masivamente. Si las condiciones ambientales son favorables, pueden reproducirse hasta cubrir la planta por completo en cuestión de días.

Las arañas se descubren porque veremos pequeños puntitos amarillos en las hojas. Son los lugares donde la araña chupó la savia. La velocidad de reproducción viene dada por la temperatura. Cuanto más calor hace, más rápido se reproducen. Para controlar una plaga de araña lo primero es arrancar y eliminar las plantas muy infestadas. Si podemos elevar la humedad alrededor de las plantas reduciremos la tasa de reproducción de las arañas, lo que nos dará un respiro. Un sistema bastante efectivo consiste en pulverizar las plantas con **agua a presión** para quitar las arañas. No desaparecerán todas, pero eliminaremos muchas. El agua jabonosa también ayuda, pero no acaba con ellas. La **piretrina** y el **aceite de neem** son más efectivos.

CARACOLES Y BABOSAS

Los caracoles y las babosas son grandes herbívoros. En una noche pueden acabar con un huerto entero, especialmente si las plantas son jóvenes; se comen el tallo y las matan rápidamente. Un sistema efectivo para controlar los caracoles consiste en trazar con **ceniza** de madera un anillo alrededor del tallo de las plantas. Los caracoles y las babosas no pueden caminar sobre la ceniza y se mantienen alejados. Después de cada lluvia se debe renovar la ceniza. Una trampa sencilla para los caracoles consiste en colocar un recipiente lleno de **cerveza** semienterrado para que el borde esté al nivel del suelo. Los caracoles se sienten atraídos por el olor de la cerveza, entran en el plato y se ahogan.

ORUGAS

Las orugas pueden ser muy molestas. Nacen en las plantas a partir de los huevos que ponen las mariposas. De jóvenes son tan pequeñas que casi no se ven. En unas semanas pasan de medir 3 o 4 mm a más de 4 o 5 cm. Cuando son grandes tienen un apetito voraz y causan graves destrozos. Las orugas de la col son de las más frecuentes en los huertos y muy voraces. La forma más efectiva de eliminarlas es a mano, cogiéndolas una por una. Este sistema no vale en un gran huerto, donde sería un trabajo interminable, pero en unas macetas o en una mesa de cultivo el número de hortalizas es mucho más pequeño.

La piretrina acaba con ellas pero no se puede bajar la guardia, ya que las mariposas ponen huevos a lo largo de todo el verano y van naciendo poco a poco. Algunos gusanos hacen un agujero en el tallo y se lo van comiendo desde dentro. Si encontramos un agujero de este gusano hay que localizar al bicho y hacer un corte en el tallo para sacarlo. Luego se cierra la herida con cera o con cinta y se refuerza el tallo con un tutor.

Uno de los productos más efectivos contra las orugas es el BT o *Bacillus thuringiensis*, un microorganismo que se fumiga sobre las hortalizas e infecta a las orugas cuando muerden las hojas. Las orugas dejan de comer enseguida y mueren de inanición. Funciona especialmente bien cuando las orugas son jóvenes, pero no afecta tanto a las orugas adultas.

COCHINILLAS

Las cochinillas atacan fundamentalmente los tallos. Son más o menos redondas u ovaladas y están cubiertas por una especie de concha de color marrón o rojizo. Segregan una sustancia algodonosa. Durante su juventud se mueven, pero cuando llegan a adultas se quedan fijas en un lugar del tallo. Se reproducen mucho, pero su desarrollo es lento, por lo que la plaga no se desarrolla con rapidez. La planta se debilita y pueden secarse algunas ramas. Pueden arrancarse con las uñas o con un algodón empapado en alcohol. Los **insecticidas** con ajo y guindilla suelen ir bastante bien.

COCHINILLAS LANOSAS

Son insectos de color claro que excretan una sustancia blanca y algodonosa. Suelen vivir en la cara inferior de las hojas y en las uniones de las ramas y el tallo. Chupan los jugos de las plantas. Es una plaga que se reproduce más lentamente que la mayoría. Cada generación tarda un mes o más.

Una infección ligera puede eliminarse con una esponja. También se pueden matar instantáneamente con un **algodón empapado en alcohol**. Si la plaga es más seria, usaremos agua jabonosa o **piretrina**.

MINADOR DE HOJA

Es un insecto que vive en el interior de las hojas, donde va excavando túneles o galerías hasta acabar matándolas. No suele ser muy destructivo para la cosecha, pero conviene eliminar las hojas infectadas o matar a los minadores chafándolos entre los dedos para evitar que se reproduzcan. Como viven dentro de la hoja, la mayoría de los productos pulverizados no les afectan. El **aceite de neem** disuelto en el agua de riego se absorbe por las raíces y pasa a los tejidos de la planta, de modo que los minadores se envenenan al comer.

Hongos

Las especies de hongos que pueden afectar al huerto son muy diversas: oídio, mildiu, botritis, cercosporiosis, alternariosis, antracnosis. Cada una tiene sus características particulares, pero la prevención y el tratamiento de todas ellas es similar. Los productos ecológicos que se pueden usar para luchar contra los hongos son bastante limitados, hay cuatro básicamente:

- Azufre.
- Cobre.
- Jabón potásico.
- Infusión de cola de caballo.

El cobre y el azufre son los más comunes en los huertos por sus propiedades preventivas. Las plantas más propensas al ataque de los hongos deben ser fumigadas con sulfato de cobre al menos cada dos semanas durante toda la temporada.

El jabón potásico se puede usar para combatir los hongos que ya han aparecido, pero su eficacia es bastante limitada.

La infusión de cola de caballo es un buen preventivo que actúa reforzando las paredes celulares para que los hongos no puedan atravesarlas.

Oídio o mal blanco

El oídio es un hongo que se caracteriza por un crecimiento de color blanquecino y polvoriento sobre las hojas. Es una plaga clásica que aparece con facilidad en cucurbitáceas como el calabacín, el pepino o la calabaza, y en solanáceas como el tomate, el pimiento o la berenjena. Normalmente aparece en primaveras húmedas y en pleno verano desaparece, salvo de las zonas más frescas y sombrías. Es un hongo que crece sobre la superficie de las hojas sin penetrar en los tejidos, por lo que no es difícil de eliminar. Sin embargo, siempre es mucho mejor prevenir su aparición fumigando jabón potásico, azufre o infusión de cola de caballo.

MILDIU

Este hongo produce manchas en las hojas que primero son de colores amarillentos y luego marrones. En la cara inferior de la hoja, coincidiendo con las manchas de la cara superior, aparece un crecimiento mohoso blanco. Aparece cuando las plantas están mojadas, las temperaturas son relativamente altas y hay poco viento. Cuando aparece es muy difícil de erradicar sin usar fungicidas químicos, por lo que conviene prevenir con fungicidas ecológicos.

ROYA

La roya es un hongo que ataca a muchas hortalizas. Se reconoce fácilmente por los pequeños bultos anaranjados que salen en el envés de las hojas y que se corresponden con manchas amarillas en el haz (la parte superior de la hoja). Suele aparecer con tiempo húmedo, sobre todo en primavera y otoño. Se previene bien fumigando con sulfato de cobre.

12
Ensaladas buenas para la salud

Las ensaladas son platos muy sanos y nutritivos, ricos en vitaminas, minerales, antioxidantes y fibra. Las hortalizas están compuestas hasta en un 90 % de agua, por lo que resultan un alimento refrescante que contribuye a completar la ingesta diaria de líquidos y a mantener el organismo hidratado. Parte fundamental de la tan valorada dieta mediterránea es el consumo diario de frutas y verduras frescas. Las ensaladas aportan salud y contribuyen al buen funcionamiento del organismo; favorecen la eliminación de residuos tóxicos, protegen el corazón, ayudan al sistema digestivo, reducen el riesgo de sufrir cáncer y combaten el envejecimiento.

Vitaminas para salud

Las vitaminas son compuestos necesarios para la vida que el cuerpo humano necesita ingerir. Son necesarias en cantidades muy pequeñas, pero pueden causar grandes problemas si faltan en la alimentación.

Los seres humanos necesitamos ingerir trece vitaminas diferentes. Nueve de ellas son hidrosolubles (ocho del complejo B y la vitamina C), y cuatro liposolubles (vitaminas A, K, D y E). En una ensalada variada compuesta sólo por vegetales podemos encontrar todas las vitaminas salvo la vitamina B12 y la vitamina D, que están presenten en alimentos de origen animal. Los expertos en nutrición recomiendan consumir cada día al menos cinco raciones de frutas o verduras.

Las hortalizas más ricas en vitamina A son las zanahorias, las espinacas y el perejil, pero también está presente en otras como tomates o lechugas. El ácido fólico forma parte del complejo de la vitamina B y está presente en leguminosas como las judías o los guisantes, nueces y verduras verdes. Ajos, frutos secos y legumbres son ricos en vitamina B1 (tiamina). La riboflavina o vitamina B2 se encuentra en las hortalizas de hoja, las legumbres y las almendras. La vitamina B3 (niacina) se encuentra en aguacates, verduras de hoja, dátiles, tomates, brócoli, zanahorias, nueces y judías secas. La vitamina B6 (piridoxina) abunda en plátanos, patatas, frutos secos y muchas otras frutas y verduras. Patatas, pimientos verdes, fresas, cítricos, perejil y verduras de color verde proporcionan vitamina C. Los frutos secos y el aceite de oliva tienen vitamina E.

Antioxidantes contra el envejecimiento

La gran cantidad de antioxidantes presentes en las frutas y verduras que comemos en ensalada ayudan a prevenir el envejecimiento de la piel y reducir la incidencia de enfermedades cardiovasculares y neurodegenerativas, así como muchos tipos de cáncer, gracias a su acción sobre los radicales. Los radicales son moléculas muy reactivas que produce el cuerpo por distintos motivos pero que van oxidando los tejidos y provocando enfermedades y envejecimiento. Con el tiempo, los radicales pueden provocar cáncer, daños en el ADN y enfermedades degenerativas. Los radicales no son siempre perjudiciales y forman parte de numerosos procesos biológicos. Por ejemplo, el cuerpo humano fabrica radicales para combatir infecciones. La cantidad de radicales presentes en el cuerpo aumenta con el consumo de alcohol y tabaco, la exposición a los rayos del sol, el ejercicio y la fatiga, el estrés, la contaminación del aire y la ingestión de grasas refinadas y productos químicos tóxicos a través del agua o la comida. El cuerpo humano tiene sus propios sistemas para luchar contra los radicales pero, con la edad, van perdiendo eficacia.

Los antioxidantes son sustancias que reaccionan con los radicales libres que hay en el cuerpo, evitando o retardando la oxidación de los tejidos, el envejecimiento y la degeneración celular. Una dieta basada en alimentos ricos en antioxidantes como las verduras podría prevenir el cáncer, muchas enfermedades neurodegenerativas y retrasar el envejecimiento de las células.

Hay distintas sustancias que ejercen como antioxidantes: betacarotenos, vitaminas A, C y E, polifenoles, flavonoides y minerales como selenio, zinc, magnesio y cobre. Cada tipo de antioxidante ejerce acción sobre una familia distinta de radicales, por lo que resulta más conveniente ingerir una variedad de ellos que una gran cantidad de un solo tipo. Algunos de los alimentos más ricos en antioxidantes son las frutas y verduras, el aceite de oliva virgen, los frutos secos, el pescado azul, el té verde, la soja, el cacao o el vino tinto.

Las verduras de color rojo, naranja o amarillo son ricas en betacaroteno. Este compuesto, que también recibe el nombre de provitamina A, puesto que el cuerpo lo usa para fabricar esa vitamina, es un nutriente esencial para la salud y está implicado en la respuesta inmunitaria y en la visión. Los betacarotenos son también antioxidantes muy efectivos cuya inclusión en la dieta ayuda a reducir el colesterol y disminuye el riesgo de padecer todo tipo de cánceres.

Una ensalada variada, que además de las hortalizas lleve atún, anchoas o frutos secos y aceite de oliva es la combinación idónea para ingerir una completa gama de antioxidantes, más aún si se acompaña de una copa de vino tinto y se termina la comida con una taza de té verde.

Ricas en minerales

Los minerales son tan importantes como las vitaminas para mantener los procesos del organismo. El cuerpo no puede fabricar minerales, por lo que debe ingerirlos con la dieta de manera habitual. Muchos de los procesos que se utilizan en la industria alimentaria afectan al contenido en minerales de los alimentos. Por ejemplo, cerca del 90 % del manganeso presente en el trigo se pierde durante la molienda para fabricar harina.

Se pueden dividir los minerales en tres grupos según en qué cantidad los necesita el cuerpo: los macroelementos, son minerales que se necesitan en cantidades elevadas y se miden en gramos. Los microelementos, se necesitan en cantidades más pequeñas y se expresan en miligramos. Los oligoelementos hacen falta en cantidades minúsculas del orden de los microgramos, aunque eso no quiere decir que sean menos esenciales.

MACROELEMENTOS

Sodio: Es un elemento esencial y muy necesario. Interviene en el reparto de agua por el cuerpo y en la transmisión de impulsos nerviosos. La dieta actual tiende a abusar del sodio, especialmente por la alta concentración que encontramos en los alimentos procesados. Es un mineral presente en casi todos los alimentos, por lo que el bajo contenido en sodio de las hortalizas ayuda a evitar un consumo excesivo.

Calcio: Es imprescindible para tener huesos y dientes fuertes y necesario para la circulación sanguínea. Brócoli, espinacas, coles, cebollas, legumbres y frutos secos son los alimentos de origen vegetal más ricos en calcio. Las ensaladas combinadas con frutos secos y productos lácteos como el queso o el yogur son las que tienen un mayor contenido en calcio.

Fósforo: Necesario para el sistema óseo y muscular. También interviene en el sistema nervioso y en el almacenamiento y utilización de energía. Son ricos en fósforo ajo, coles, lechugas, cebolla, apio, manzanas, patatas, puerros, fresas, tomates, pepinos, alcachofas, frutos secos y legumbres.

Potasio: Tiene un papel importante en el funcionamiento del sistema muscular y nervioso. Se encuentra en plátanos, naranjas, tomates, patatas, frutos secos y cereales integrales.

Magnesio: Tiene propiedades antiinflamatorias. Es imprescindible para la asimilación del calcio y la vitamina C. Combate el frío y la fatiga. Protege contra infecciones. Se encuentra en las verduras de hoja verde, legumbres, frutos secos, cereales integrales, remolacha, espinacas y algunas frutas como cerezas, albaricoques o plátanos.

Cloro: Ayuda al hígado a liberarse de los desechos e interviene en la regulación del pH del organismo. Fuentes de cloro son la sal común, el agua del grifo, las algas marinas o las aceitunas.

Azufre: Es necesario para la síntesis de la insulina y algunas vitaminas. Está presente en la piel, el cartílago, las uñas y el pelo. Interviene en la neutralización de tóxicos y ayuda al hígado en la secreción de bilis. Alimentos ricos en azufre son ajos, cebolla, puerros, rábanos, melocotón, maíz, arroz, patata, coles, pepino, judías verdes, frutos secos, legumbres y muchas frutas.

Microelementos

Hierro: La falta de hierro es la más frecuente de las deficiencias minerales. El hierro tiene un papel fundamental en la producción de hemoglobina y en la asimilación de las vitaminas del grupo B. Verduras, legumbres, frutos secos y frutas contienen cantidades variables de hierro.

Flúor: Refuerza los huesos y previene la caries dental. Su deficiencia no es habitual, ya que se suele añadir a las redes de distribución de agua. De entre los alimentos vegetales, el té, las coles y las espinacas son ricos en flúor.

Yodo: Es necesario para la producción de hormonas en la glándula tiroides. Se encuentra en espinacas, pepinos, guisantes, tomates, rabanitos, manzanas, higos, naranjas y peras.

Manganeso: Juega un papel importante en la activación de las enzimas que intervienen en la síntesis de las grasas y es necesario para la utilización de algunas vitaminas. Las verduras de hoja verde, la zanahoria, las coles, los cereales integrales y los frutos secos son ricos en manganeso.

Cobalto: Interviene en la formación de los glóbulos rojos. Se encuentra en la remolacha, la cebolla, las lentejas y los higos.

Cobre: Forma parte de muchas proteínas y enzimas del hígado, el cerebro y la sangre. Es necesario para utilizar el hierro almacenado en el cuerpo y para asimilar la vitamina C. Algunos de los alimentos ricos en cobre son las zanahorias, patatas, legumbres, lechugas, plátanos, manzanas y el pan integral.

Zinc: Este mineral forma parte de varias decenas de enzimas producidas por el organismo y que resultan vitales para el metabolismo. Se emplea en la producción de los óvulos, los espermatozoides y el ADN. Tiene también un papel importante en el sistema inmunológico. Entre las hortalizas, el zinc está presente en la remolacha, el maíz, las coles, las lechugas, las espinacas y las zanahorias.

Oligoelementos

Los oligoelementos que el organismo necesita (níquel, cromo, litio, molibdeno, silicio y selenio) están presentes en muchos alimentos. Una dieta rica en hortalizas de hojas verdes, tomates, cebollas, ajos, patatas y brócoli nos aporta todos los oligoelementos necesarios para la salud.

Diuréticas e hidratantes

Las ensaladas son diuréticas, aumentan la cantidad de orina producida y ayudan a expulsar desechos y productos tóxicos del organismo. El bajo contenido en sodio y su riqueza en agua y potasio facilitan la acción depurativa del organismo. Las propiedades diuréticas de las hortalizas son especialmente beneficiosas para aquellas personas que sufren hipertensión, tendencia a crear cálculos renales, exceso de ácido úrico o retención de líquidos. La acción diurética es muy apreciada para todas las dolencias del riñón.

El alto contenido en agua de las ensaladas favorece su acción diurética y la hidratación del cuerpo. En los días más calurosos del verano es frecuente que muchas personas no se hidraten correctamente y beban menos agua de la recomendable. Las ensaladas son alimentos refrescantes, ligeros y fáciles de digerir que aportan agua y refrescan el organismo.

Las hortalizas más diuréticas son el apio, la alcachofa, los espárragos frescos, la escarola y la cebolla.

Ayuda en dietas de adelgazamiento

Las dietas de adelgazamiento suelen incluir muchas ensaladas porque son platos poco calóricos pero que aportan muchos nutrientes y sacian bastante el apetito.

Quien lleve una vida sedentaria y quiera bajar de peso sólo tiene tres opciones: comer menos calorías, hacer más ejercicio o una combinación de las dos anteriores. Lo ideal es aumentar nuestro gasto energético haciendo deporte y reducir el tamaño de las raciones que comemos. La dieta más sana es la que incluye todo tipo de alimentos pero en cantidades razonables. No es necesario renunciar al pan, los dulces o las grasas, siempre que su consumo sea moderado, ocasional y forme parte de una dieta variada con muchos alimentos frescos. En una dieta de adelgazamiento debemos reducir las calorías que ingerimos para que el cuerpo consuma las que tiene de reserva en forma de grasa. Aunque consumamos menos calorías no deberíamos reducir del mismo modo la ingesta de vitaminas, minerales o antioxidantes, ya que estos nutrientes siguen haciendo falta en las mismas cantidades y el cuerpo no tiene reservas equiparables a las reservas de grasa.

Las dietas milagro no funcionan y, aunque temporalmente se logre una cierta bajada de peso, casi siempre se recupera en unos meses, ya que la única manera realmente efectiva de mantenerse en el peso saludable es hacer una vida activa y no ingerir más calorías de las que consumimos. La dieta sana es la base de la salud: «somos lo que comemos». El consumo excesivo de alimentos procesados, bollería industrial, salsas, bebidas azucaradas y proteína animal acaba pasando factura al cuerpo y ninguna pastilla, suplemento nutricional o complejo vitamínico puede sustituir a una dieta rica en alimentos frescos, frutas y verduras.

Las ensaladas forman parte esencial de esa dieta sana. Los alimentos crudos contienen más nutrientes que los cocinados, y las ensaladas son extremadamente ricas en nutrientes esenciales. Cuando empezamos una comida con una ensalada, saciamos en parte nuestro apetito antes de comer los alimentos más calóricos, por lo que comeremos menos de estos últimos, pero además nos aseguramos una provisión de vitaminas y minerales esenciales para evitar acabar anémicos y desnutridos.

🍅 **Las ensaladas variadas son el alimento perfecto para las personas a dieta por su bajo contenido calórico, siempre que no se abuse de los aliños (aceite, mayonesa y otras salsas), que suelen ser más calóricos.**

Las ensaladas con una base de hidratos de carbono (arroz, pasta o patata) aportan muchas más calorías que una ensalada verde ordinaria, algo que se debe tener en cuenta si se está siguiendo una dieta de adelgazamiento. Una ensalada con hidratos de carbono y alguna fuente de proteínas (atún, huevo duro, anchoas, jamón cocido o legumbres) constituye por sí misma una comida completa que puede tomarse como plato único.

Evitan el estreñimiento

Por su alto contenido en fibra, la mayoría de las hortalizas son laxantes. El consumo regular de frutas y verduras previene y combate el estreñimiento. Se puede aumentar la cantidad de fibra de una ensalada y sus propiedades laxantes añadiendo ciruelas pasas o kiwis en trozos, dos alimentos especialmente recomendados para regular la función intestinal. Además de facilitar el tránsito intestinal, la fibra también es beneficiosa para reducir el colesterol o en pacientes diabéticos.

Cardioprotectoras

Muchas afecciones de corazón tienen su origen o se ven agravadas por la acción de los radicales. Una dieta rica en hortalizas provee al organismo con una abundante selección de antioxidantes que reducen la incidencia de enfermedades cardiovasculares.

Digestivas

Las hortalizas ligeramente amargas como la escarola, el rábano, el apio, la alcachofa o los berros son muy digestivas porque estimulan el hígado y la vesícula biliar. Los germinados de semillas como los brotes de soja son un gran complemento de las ensaladas porque contienen gran cantidad de enzimas que ayudan a digerir los alimentos.

Calmantes

Las lechugas tienen propiedades relajantes y ligeramente narcóticas que ayudan a conciliar el sueño. El consumo de ensalada en la cena puede ser beneficioso para las personas con insomnio y otras alteraciones del sueño.

Combaten el envejecimiento de la piel

Las hortalizas ricas en vitaminas A y C estimulan la producción de colágeno, que sirve para mantener la piel tersa y sin arrugas. Los antioxidantes también contribuyen a reducir los efectos del envejecimiento y la aparición de manchas en la piel a causa de la edad.

13
El huerto urbano de ensaladas

La mayoría de las viviendas no dispone de un terreno o jardín donde cultivar un huerto. En los pisos urbanos, el área cultivable se reduce a un balcón o, con suerte, una terraza o una azotea. Cuidar un huerto de balcón no es lo mismo que sembrar en el suelo, pero tampoco hay que desanimarse. Es posible cultivar un huerto en casi cualquier espacio que reciba un mínimo de cuatro o cinco horas de sol directo cada día. El problema más irresoluble lo encontramos en aquellos balcones orientados al norte o de pisos muy bajos, donde no toca nunca el sol. Sin luz solar directa no vale la pena cultivar la mayoría de las hortalizas, porque no se desarrollan correctamente, aunque siempre se pueden cultivar algunas hierbas aromáticas con las que aliñar las ensaladas.

El principal factor limitante en los huertos urbanos suele ser el espacio. Muchos balcones son realmente pequeños y ni siquiera cabe una mesa de cultivo. En estos casos, hay que utilizar el ingenio para aprovechar al máximo cada rincón. Las macetas que se cuelgan de la pared o de la barandilla del balcón no ocupan espacio en el suelo y aumentan la superficie cultivable.

Todos podemos consumir alimentos frescos cultivados por

nosotros mismos, aunque no dispongamos de terreno, terraza, balcón o ni siquiera el alfeizar de una ventana (véase página 21). La horticultura más sencilla de todas es la elaboración de brotes y germinados. Esta técnica tan habitual en China, Japón y otros países asiáticos consiste en algo tan sencillo como germinar las semillas antes de consumirlas. El interior de una semilla contiene reservas nutritivas destinadas a alimentar a la pequeña plántula desde que nace hasta que tiene un sistema de raíces capaz de absorber nutrientes del suelo. Cuando la semilla germina se producen una gran cantidad de cambios bioquímicos en sus tejidos de reserva que los vuelven más fácilmente digeribles. Las proteínas se metabolizan en aminoácidos y se segregan un montón de enzimas que ayudan a digerir los alimentos, neutralizar toxinas y regenerar las células. Se pueden hacer germinados de muchas especies pero las más habituales son soja, alfalfa, berro, mostaza, rábano, trigo, centeno, avena, judías, garbanzos y lentejas.

Para hacer germinados sólo hay que poner las semillas en remojo durante unas horas. Después se enjuagan y se colocan en un germinador, que no es más que una rejilla sobre un recipiente con agua y una tapa con algunos agujeros para que tenga algo de ventilación. Las semillas se extienden sobre la rejilla y se coloca el germinador en un sitio cálido y oscuro. Una vez al día se mojan las semillas para que siempre permanezcan húmedas. Cuando se empiecen a abrir y asomen las raíces, llega el momento de trasladar el germinador a un lugar cálido e iluminado, pero que no reciba sol directamente. En pocos días los brotes están listos para el consumo.

Huerto en mesas de cultivo

La mesa de cultivo se ha convertido en el sistema preferido por los horticultores urbanos. Es lo que más se parece a cultivar en el suelo, porque las distintas hortalizas crecen juntas. Las mesas suelen ser bastante grandes, 50 a 100 cm de ancho por 1 o 2 m de largo, con una profundidad de tierra de unos 25 cm. Se emplea un sustrato muy fértil a base de turba o fibra de coco, complementado con abonos orgánicos como compost, estiércol o vermicompost. La mesa de cultivo se puede regar a mano, pero resulta mucho más cómodo instalar un sencillo sistema de riego por goteo conectado a un programador que abra y cierre el paso del agua a la hora marcada.

Por su tamaño relativamente pequeño, estas mesas de cultivo urbano no producen lo suficiente para cubrir el consumo familiar, pero pueden proporcionar algunas verduras frescas durante todo el año, así como el placer de cultivar y cosechar nuestros propios alimentos. Las familias con niños verán que es más sencillo enseñarles a comer verdura cuando ellos han colaborado en su cultivo y recogida.

La producción de las mesas de cultivo aumenta considerablemente si se organiza bien la plantación. Las plantas más altas deben estar situadas de modo que no hagan sombra a las más pequeñas. Si la mesa de cultivo está pegada a una pared, sembraremos las hortalizas de pequeño tamaño en la parte frontal y las plantas altas junto a la pared. Si la mesa no tiene paredes cerca y recibe sol por todos lados, habrá que colocar las plantas altas en el lado de la mesa orientado al norte y las especies más pequeñas en el lado sur. Las hortalizas de crecimiento rápido como las lechugas o los rabanitos se deben sembrar en tandas, de modo que cada semana haya unas cuantas listas para la cosecha. Si sembramos todas las lechugas a la vez, nos encontraremos con que todas estarán listas para recogerse al mismo tiempo. En cambio, si cada semana cosechamos dos lechugas y sembramos otras dos para reemplazarlas, la producción se corresponderá con nuestras necesidades.

El huerto en macetas

Las macetas deben ser grandes para que la planta pueda desarrollar suficiente cantidad de raíces como para absorber todos los nutrientes que necesita. Las macetas y jardineras grandes, al igual que las mesas de cultivo, contienen una gran cantidad de tierra, lo que reduce las fluctuaciones de temperatura alrededor de las raíces y al mismo tiempo aumenta la disponibilidad de agua. Algunas hortalizas como lechugas o cebollas pueden crecer sin problemas en pequeños tiestos siempre que no les falte agua.

Las macetas de plástico son muy cómodas por su poco peso y bajo precio. Las de color blanco son más adecuadas para el verano, ya que reflejan la luz y no se calientan tanto. Las negras se calientan mucho y son más adecuadas para el invierno, cuando las raíces agradecerán esos grados de más.

Los tiestos de barro mantienen frescas las raíces de la misma forma que un botijo mantiene fresca el agua que contiene, evaporando una parte del agua a través de las paredes porosas. La temperatura de las raíces es un factor muy importante en el bienestar de las plantas, y por eso las macetas de barro han sido siempre tan populares en los tórridos veranos de la cuenca mediterránea. Los inconvenientes de este material son su mayor peso y la necesidad de riegos más frecuentes, puesto que parte del agua se pierde por evaporación.

Es importante poner en el fondo de la maceta, antes de echar la tierra, una capa de grava, roca volcánica o arlita (bolitas de arcilla expandida) de unos 2 cm que facilite el drenaje de la tierra. Una maceta que drena correctamente el exceso de agua mantiene las raíces sanas y oxigenadas, lo que reduce la aparición de enfermedades y aumenta la velocidad de crecimiento.

La tierra que pongamos en las macetas debe ser fértil y estar libre de parásitos o semillas de malas hierbas. Lo mejor es utilizar tierra nueva de saco, de la que venden en las tiendas de jardinería, o preparar una mezcla de fibra de coco o turba con estiércol, compost o humus de lombriz. El sustrato que se vende en sacos suele venir abonado con los nutrientes necesarios para que las plantas vivan de 2 a 4 semanas. A partir de ese momento es conveniente mezclar algún abono de crecimiento (rico en nitrógeno) en el agua de riego al menos una vez por semana.

Los sustratos para macetas son muy esponjosos y absorben gran cantidad de agua, pero cuando se resecan en exceso tienden a contraerse, dejando un espacio de aire entre la tierra y la pared de la maceta. A través de esta ranura, las raíces quedan expuestas al aire y las altas temperaturas las deshidratan rápidamente. Al morirse las raíces, el crecimiento y el desarrollo de la planta se ven perjudicados. Para evitar que suceda hay que mantener la tierra húmeda y fresca, sombreando los tiestos si es necesario. Siempre que se vea un hueco entre la maceta y la tierra, hay que taparlo. Hay que evitar que la capa superior de tierra se compacte y forme una costra rastrillándola periódicamente. La tierra suelta reduce la evaporación y ayuda a mantener las raíces frescas y oxigenadas.

Ejemplo de cama de cultivo para ensaladas

En una mesa de cultivo de 2 m² podemos sembrar un huerto bastante completo, capaz de proporcionarnos varias ensaladas cada semana. La elección de las hortalizas que cultivemos depende, como es lógico, de los gustos de cada uno, pero la siguiente lista incluye las más habituales:

- **2 o 3 tomateras,** a ser posible de variedades diferentes para que los tomates no maduren al mismo tiempo.
- **2 o 3 docenas de cebollas tiernas.** Aunque es un número elevado, empezaremos a recolectar las primeras antes de que acaben de crecer para que dejen sitio libre al resto. Aunque las cojamos pequeñas, el sabor es igual de bueno. No hay que sembrar las cebollas todas juntas, sino repartirlas por la cama, aprovechando los espacios que queden libres entre otras hortalizas.
- **20 lechugas o similares.** Las lechugas y otras hortalizas de crecimiento rápido y gran consumo debemos sembrarlas en tandas para aprovechar mejor el espacio. Por ejemplo, si consumimos dos lechugas por semana, lo ideal sería sembrar dos nuevas plántulas cada semana que ocupen el espacio que han dejado libre las que acabamos de cosechar. Las lechugas tardan en crecer de 2 a 3 meses, según las variedades. Si sembramos variedades

de 10 semanas y cosechamos 2 cada semana, la cama deberá albergar 20 lechugas. Planta lechugas de diferentes variedades, así como otras especies de hoja que también puedan comerse crudas en ensalada (escarola, espinaca, canónigos).

- **Una mata de pimientos.** Las variedades de pimientos pequeños producen un número de frutos mucho mayor y resultan más adecuadas para los huertos pequeños.
- **Una mata de pepinos.** El pepino es una cucurbitácea trepadora que se puede enredar fácilmente en la barandilla del balcón, la pared o incluso en las patas de la mesa de cultivo, por lo que no ocupará espacio en la superficie, salvo la parte del sustrato en que crezcan sus raíces.
- **Un perejil, una menta y una albahaca.** Estas aromáticas crecen muy fácilmente y alegran cualquier ensalada. Como se van cosechando ramas sin arrancar la planta, pueden durar varios años.
- **3 matas de fresones.** Son pequeñas, ocupan poco espacio y dan color y un toque dulce exótico a las ensaladas. 2 o 3 plantas caben en cualquier rincón y a los niños les encantan.

Sistemas hidropónicos: cultivar sin tierra

La hidroponía es un sistema de cultivo en el que las plantas crecen sin tierra. Las raíces de las hortalizas pueden crecen sin ningún tipo de sustrato, directamente sumergidas en un contenedor lleno de agua con fertilizantes, o bien puede utilizarse un sustrato inerte como grava, arena o bolitas de arcilla expandida. Estos sustratos no tienen nutrientes, por lo que horticultor debe aportarlos disueltos en el agua.

Los sistemas hidropónicos son extremadamente productivos y las plantas crecen con gran rapidez, pero resultan algo más complejos que el cultivo en tierra porque el horticultor debe controlar algunos parámetros como el pH de la solución nutriente y el nivel de sales disueltas.

La mayoría de los cultivos hidropónicos se instalan dentro de invernaderos donde las condiciones se controlan más fácilmente, aunque también se pueden poner al aire libre o incluso dentro de casa e iluminarlos con lámparas especiales para cultivar plantas. La horticultura de interior permite cultivar hortalizas en cualquier lugar, aunque no se tenga acceso a un terreno o una terraza soleada, y su productividad es muy elevada. La densidad de plantas cultivadas en un sistema hidropónico puede ser mucho mayor que en un huerto convencional. Con una pequeña mesa de cultivo de 1 m^2 y una lámpara de 600 W podemos cosechar un montón de hortalizas. Hay que tener en cuenta que los gastos generados por un huerto de interior son relativamente elevados, debido sobre todo al consumo eléctrico de la lámpara, que puede incrementar en 30 o 40 euros mensuales la factura de la luz.

Conclusión

Durante las últimas décadas hemos aprendido a valorar las hortalizas por su poder nutritivo y gastronómico, y al mismo tiempo han ido apareciendo numerosas especies nuevas que nos permiten explorar todo un mundo de sabores y aromas. Con este libro te hemos ofrecido las pautas básicas para cultivar un huerto familiar que proporcione verduras frescas a tu hogar durante todo el año, pero te animamos a que investigues otras especies y variedades que aporten originalidad y color a tu mesa. Cada hortaliza tiene su propia historia, unas cualidades únicas y utilidades muy variadas en la cocina. Te invitamos a que te adentres en este mundo de descubrimientos que, además de contribuir a la salud de toda tu familia, puede convertirse en una auténtica fuente de placer.

Hay pocos lugares en el mundo donde el cultivo de hortalizas no sea posible. Adapta tus cultivos al clima y las cualidades de la tierra donde vayas a sembrar tu huerto, de manera que puedas obtener la máxima productividad y la mejor calidad. Y si algo no funciona, no te desanimes, prueba con otra especie. Todos los huertos son únicos. ¡Atrévete a crear el tuyo!